龚晓农漫游“互联网家”

龚信忠 张晓莹 高志菲◎等著

中国工人出版社

姓名：龚晓农

性别：男

英文名：欧法姆·沃克尔（off-farm worker）

年龄：18+

籍贯：中国农村

职业：各行各业

工作地点：全国各地

座右铭：三分天注定，七分靠打拼，爱拼才会赢

……

看完以上简历，相信你对主人公的身份已经猜出了几分，没错，他是一位农民工。

我们再来补充解释一下，龚晓农这个名字不必多说，有着浓厚的职业色彩；年龄 18 岁以上，显然不是童工，可以锁定为一位新生代农民工；关于英文名，也有称他为麦格兰特·沃克尔的（migrant worker），反正都是进城务工人员的意思。

是否似曾相识？没错，龚晓农是他、是你、是我，是我国 2.8 亿农民工中的普通一员，他奔走在全国各地，从事着各行各业的劳动，是国家建设的重要力量。所以在本书中，他的形象将会陆续以各种职业身份出现在全国各地的不同工作场景里。

对了，他还有一个重要身份不能忽略——他是一名工会会员。事实上，农民工中的大部分都已加入了工会组织。仅 2015 年、2016 年两年，全国就新增加农民工会员 3000 万人之多，这是各级工会组织努力的结果。在本书中，龚晓农也将以工会会员的身份，和工会组织发生各种各样的联系，这将是本书最重要的内容。

应该说，龚晓农赶上了好时代，作为新生代农民工，他和他的父辈们不同的是，今天他们身处于一个网络时代，已被互联网"一网打尽"，他们的生活中已经离不开网络、离不开手机。正如习近平总书记在第三届世界互联网大会开幕式的视频讲话中所说，"互联网是我们这个时代最具发展活力的领域。互联网快速发展，给人类生产生活带来深刻变化，也给人类社会带来一系列新机遇、新挑战”。

截至2017年6月，我国网民人数已达7.51亿人，手机用户达到7.24亿人，微博、微信用户达到近10亿人。互联网的出现，特别是移动互联时代，极大地丰富了龚晓农的工作和生活，网络给他带来了机遇也带来了挑战，带来了便捷也带来了困惑，带来了高兴事也带来了烦心事……无论如何，他已经不可能回避网络了，就像龚晓农喜欢的那首歌里唱的：“你是一张无边无际的网，轻易就把我困在网中央……”

还有一个更重要的事实是，全国各地的工会组织，正在如火如荼地开展网上工作。中央政治局委员、中华全国总工会主席李建国在全国总工会第十六届五次执委会的讲话中指出：“要大力推进‘互联网+’工会建设，形成网上网下深度融合、互相联动的服务职工新格局，更加高效便捷地服务职工群众。”全总改革试点工作明确提出，“要创建工会网上工作平台，完善服务职工体系，实行普惠性服务。坚持运用互联网思维，创新工作理念、转变工作方式、拓展服务内容，实现服务对象从特殊群体向全体会员转变，服务手段从线下为主到线上线下互动融合转变……”全总第十六届五次执委会提出，大力推进网上工会建设，积极落实工会网上工作纲要和行动计划，把这项工作作为一把手工程来部署推进，要求增强互联网思维，走好网上群众路线，不断提升运用网络服务职工的能力水平。大力推进“互联网+”工会建设，实现网络覆盖职工群众、工作覆盖基层工会，构建线上受理、线下办理、一键通达的全方位、全时段服务体系。

全总在机构改革中，成立了网络工作部，专门负责统筹工会网上工作，2017 年新年伊始，又制定出台了《全国工会网上工作纲要（2017—2020 年）》。各地工会近年来推出的网上服务职工业务更是丰富多彩、层出不穷。

如果你看过《互联网 + 工会：移动互联网时代的改革创新思维》这本书，对于龚晓农这个名字就不会陌生，他正是此书的主角之一。该书主要是面向龚晓农的“娘家人”——工会干部所编写，对工会的网上工作内容进行了概略的介绍，对工会干部从事网上工作有一定的帮助。而对于农民工这一工会网上工作的服务对象和受益群体而言，需要的是直观、直接、直达的服务，他们更关心这些服务是如何得到的，而不一定注重这些服务如何进行。为此，我们决定编写一本面向职工和农民工的小册子，作为《互联网 + 工会：移动互联网时代的改革创新思维》的姊妹篇，让“龚晓农们”看了就会用，用了就受益。如果说前一本书是工会网上工作的“操作手册”的话，我们希望这本书能成为广大职工和农民工兄弟了解、获取和掌握工会网上服务资源的“服务指南”或“使用说明书”。这本书中，我们将以龚晓农的打工经历为主线，以工会网上工作服务内容为脉络，顺次介绍各地工会推出的网上服务项目，在书中龚晓农所获得的，绝大部分是各地工会当前已经推出的网上服务，也有少部分是未来即将推出的项目。可以相信，在“互联网 +”时代，工会网上网下服务职工的创新举措，一定会越来越快、越来越多、越来越好；工会作为“职工之家”，工会干部作为职工的“娘家人”，一定会受到越来越多的“龚晓农们”的欢迎。

现在，就让我们随着龚晓农的视线和脚步，像当年《小灵通漫游未来》一样，游览一回咱们工会在网上建立的“互联网家”……

目录

第一章

加入工会：做个“有身份”的人

转眼间，龚晓农进入重庆这家公司工作已经一年了。

日子过得不紧不慢，工厂的生活简单而重复。上班时生产线上站8个小时，下班后回宿舍休息，有规律地三班倒。星期天、节假日加个班，能拿到比平时多一点的工资，为了多些收入，一些工友也愿意经常加班。

龚晓农可不这么想。

首先，他基本上没有养家糊口的压力。龚晓农的父亲是老一代农民工，进城干了半辈子的活，攒下了一笔钱，回村给龚晓农盖了娶媳妇的新房，家里还有几亩地。如今农村政策越来越好，即使他不工作，也不会饿着。

其次，他根本没有待在村里的想法。农村的日子，日出而作，日落而息，今天看得到明天，明天看得到一辈子。龚晓农不想像老一辈人那样，出生在村里，死后埋在村头的地里，"人吃土千口，土吃人一口"，一辈子就这么过去了。他也不想像父亲那样，进城打工半辈子，到老落一身病，最后回到村里，守着那几间房子、一群羊、两条狗。

龚晓农要趁着年轻，看看城里的花花世界。他要进城，他要当个城里人，凭什么那些城里人，只不过是因为生在城里，城市就是他们的！

对于龚晓农这个群体有个新名词——"新生代农民工"。2010年，中华全国总工会发布了一份调查报告，报告中指出新生代农民工是"在改革开放下成长起来的新一代群体，是我国现代产业工人的主体和现代化建设的重要力量"。这些新生代农民工占外出农民工的六成以上，平均年龄在23岁左右，初次外出务工岁数基本上为初中刚毕业年龄，近80%的人未婚，受教育和职业技能培训水平相对传统农民工有所提高，而且成长经历开始趋同于城市同龄人。

仅从穿着打扮就能区分城里人和农村人的时代已经过去了。

如果仅从外表来看，龚晓农根本不像个农民工，他打扮得和城里人没什么区别，甚至，比许多城里人还时髦。他的手机用的是最新款的iphone x，大概花了他两个月的工资买的，龚晓农虽然有些心疼，但拿在手里，看着周围人偶尔飘来羡慕的目光，心中又有种满足感，难怪听说有的工友为了买这玩意儿去卖血，不过他没见过。

城里的日子比他想象的精彩，城里的工作却没他想象的有趣。高薪的、省力的、体面的工作对于学历和文化水平有很高要求，留给他们农民工的多是些苦、脏、险、累的活，还有像他这样的一线操作岗位。不过龚晓农倒是没有太多的抱怨，谁让自己的文化程度不高。相比之下，有些人的工作还不如他。想想自己还是比上不足比下有余，龚晓农又有了些许平衡。工资不高，够花就行，更关键的是，当前他根本没有打算在一个城市、一个工厂长期干下去。事实上，现在的岗位对他来说，已经是第三个了。对他来说，生活的顺序是这样的——到一个城市，看一道风景，找一份工作。开眼界、玩世界比挣钱更重要，再不疯玩，就该老了。

说起这家工厂的收入和工作，并不足以吸引龚晓农干这么长时间，现在像他这样的农民工，流动率很高，很多人在一家企业

都干不满一年。龚晓农之所以没有走，主要是这个城市对他有一定吸引力，虽然上班没意思，但是下班后可以吃吃火锅、喝喝啤酒，休息时可以逛逛朝天门、解放碑……对了，还可以看看美女。厂里那位漂亮的工友龚小慧，很让他神往，和自己同姓，搭讪过几回，但人家对他不怎么搭理。

星期天的晚上，嘉陵江边的一个网吧，龚晓农正在打游戏。

游戏里的一个角色长得酷似那位龚小慧，这又勾起了龚晓农的心思。听说龚小慧最近加入了厂里的工会，成了业余的工会干部，好像还是文艺骨干，经常唱唱跳跳的。他想起了路上看到的一条标语——“农民工有困难找工

会”。标语是沿着路边墙壁刷的，刚好在“困”和“难”两字之间拐了弯，所以看起来像是“农民工有困，难找工会”，当时看后，他还笑了几声。

想到这里，龚晓农心里突然冒出一个念头：这工会是个啥？与游戏里的“公会”有何区别？加入工会好玩吗？他决定，不妨加入一下试试。也许只有这样，才有机会接近心中的女神。

尽管龚晓农加入工会的动机不怎么纯正，但他的干劲一向很大，说干就干。试试不一定有机会，但不试一定没有机会。退出游戏，他打开重庆市总工会的网站，很快就找到了加入工会的入口，点击进入之后，首先看到的是入会流程。他觉得，加入工会原来也没那么难。根据流程的指导，他填了表格。

填写表格时，龚晓农一度犹豫，自己的个人资料不会被泄露吧？现在，

个人信息泄露太厉害了，通常在网上刚买个东西，不久就能接到同类厂家打来的电话，推销产品。听说网上还专门有卖信息的，像他这样的几分钱一条，优质客户则更高一些。

两个月前，龚晓农不想在厂里集体宿舍住了，想到外面租个房，可没想到的是，在租房的网站没找到合适的房，倒是从第二天起就有七八个房产中介给他打电话，向他推销房产，弄得龚晓农哭笑不得："我像能在城里买得起房的吗？"其中一位房产中介一直在苦口婆心地劝他："及早下手买房，现在房价涨得这样厉害，如果现在再不买，就晚了。"他不想和中介啰嗦，就谎称自己已经有房了，心想这下总没话说了吧，没想到那位中介马上转变了思路："大哥那您卖房吗？现在房价涨成这样，不脱手恐怕有风险……"怎么说都有理！一时间，龚晓农竟无言以对。

"不管了，先填了再说，即使被卖了，我这信息也不值几个钱，听天由命吧。"就这样，龚晓农提交了入会申请，然后继续打

起游戏。游戏里，他运气不错，又闯了一关、升了一级。

第二天上班路上，龚晓农接到了一个号码为“12351”的电话，对方说：“你是龚晓农吗？我是市总工会基层组织建设部，昨天你是不是填过一个加入工会组织的申请表？”

龚晓农支支吾吾，未置可否，表他当然是填过，可是他没见过这个短号码，也没和工会打过交道，因此不能确定对方到底是谁。尽管对方叫出了自己的名字，还把自己的情况说得十分准确，但是，谁又能保证对方不是骗子呢？

上星期，龚晓农就接到一个电话，对方自称公安局，一口南方普通话，结结巴巴，说龚晓农涉嫌洗钱、贩毒，让他“马上到公安局来一趟”，他一听就明白了，心想，连普通话都说不利索还想出来骗人，这一套路自己太清楚了。这种骗术最早由台湾传来，家乡附近的村子里就有人干这个，还有不少人挣了钱，当然，更多的被抓了起来。前些年还有同乡找上门来邀他入伙，“一起发财”，他不愿意和他们干这种伤天害理的事，出来打工虽然挣得少，但是心安理得。听到这里龚晓农装作很害怕的样子，连忙答应，静等他下一步的套路。果然，过了一会儿对方又来电话，说自己现在有急事出去一趟，让他不用来公安局了，把全部的钱汇到警方的“安全账户”即可，龚晓农假意问了对方的银行账号和金额，答应“马上就办”。没过一会对方又迫不及待地来电问办好没有，龚晓农说办好了。对方问为什么没有收到，龚晓农一本正经地说早就办了，应该能够收到。对方问他什么银行，怎么办的，龚晓农告诉他，冥国银行，烧过去的……骗子没想到骗人的反而被骗，气个半死，双方互怼了几句，才挂掉电话。

所以接到这个“12351”电话的时候，龚晓农下意识地不相信，但又不好贸然拒绝，万一是真的呢。因为，他的确在网上填过入会申请。对方听出他犹豫的意思，态度仍然很好，告诉他入会申请已经收到，并且现在正在搞“互联网 +”农民工入会工作，他的申请已转到了他所在的公司工会，公司工会干部很快会和他联系，欢迎他加入工会组织。说罢挂了电话。

不一会儿，龚晓农的电话又响了，这回变了一个号码，一个很甜美的女声，对他说：“我们接到了市总工会网上转来的你的入会申请，欢迎加入工会组织，过一会儿，请你到我们这里来一趟，办理相关手续。”

又是“到我这里来一趟”，而且还是“连环套”！龚晓农这回没心开玩笑，对着电话说：“我就是个打工的，没有违法，也没有犯罪，真的没钱，有钱也不会给你……”

对方明显提高了声调：“龚晓农！你在说什么？马上过来一趟，我是龚小慧！”

龚晓农吃了一惊，没想到居然是她，多次搭讪不成，这回主动联系自己了。他连忙道歉，然后说：“马上就去，马上就去！”转眼间，龚晓农就气喘吁吁地出现在公司工会办公室。

龚小慧给他倒了杯水，拿过一张打印的表格，问他：“你是真的想加入工会，还是想胡闹？”

“真……真的，千真万确！”龚晓农连说了好几个“真的”，被水呛得咳了起来。

龚小慧拿着那张表格走到他面前，对他说：“如果你真的想加入工会，就要认真填写相关情况。比如说，婚姻状况一栏，应该填‘未婚’，而不是‘发愁’；兴趣这一栏，应该填写‘足球’‘篮球’之类的，而不是‘女’；爱好这一栏，应该填‘唱歌’‘跳舞’

等，而不是'吃'；特长这一栏，应该填'绘画''书法'之类的，而不是'腿'；政治面貌这一栏，应该填'群众'，而不是'圆脸'；证件类型这一栏，应该填'身份证'，而不是'长方形'；单位名称这一栏，应该填咱们公司的名称而不是'斤'；电话这一栏，应该填你的电话号码，而不是'iphone x'；健康状况这一栏，应该填'良好'，而不是'吃嘛嘛香'；本人成分这一栏，应该填'职工'，而不是'脂肪含量较高'……"读着读着，龚小慧笑得念不下去了。

龚晓农脸红了，他说："那个……确实是我填着玩的，说实在的，我都不知道你们'工会'和游戏里面的'公会'有啥区别……"

"我们可不是说着玩，要不要我给你念一遍《中国工会章程》？中国工会是中国共产党领导的职工自愿结合的工人阶级群众组织，是党联系职工群众的桥梁和纽带，是国家政权的重要社会支柱，是会员和职工利益的代表。简单说吧，工会是职工的'娘家'，工会干部是职工信得过的'娘家人'，职工的每条诉求，我们都要有回应，特别是现在正在大力开展工会网上工作……你要入会，为什么不来公司工会直接找我？"龚小慧认真地说道。

“我哪里知道公司里有工会，你还成了工会干部，可是话说回来，我要找你，也得你理我才行啊，一直想找你说话，你正眼都不看我一下……”龚晓农委屈地说道。

龚小慧撇撇嘴，说道：“工会是为会员职工服务的，你连工会都不加入，我可没时间理你。这不，看到你的申请入会信息，我们就和你联系了啊……”

“我把表填成那个样子，你们怎么知道我情况的？好像美国人比尔·盖茨说过，互联网上没有人知道你是一条狗……”龚晓农好奇地问道。

“还好，你胡闹得还不够彻底，至少留下了三项真实信息，姓名、身份证号码、手机号码，这些足以让我们找到你了。现在是‘互联网+’时代，在互联网上，连一条狗都不会放过。”龚小慧说。

“对不起，我开玩笑开大了……”龚晓农不好意思地说道。

“我们工会可不开玩笑，会认真对待每一位职工的诉求。”龚小慧表情严肃地说道。

“小慧，你能不能告诉我，加入你们工会有什么好处？在村里时，有个从城里工厂退休的邻居说过，工会也就是平时组织个唱歌、打球，过年过节发个电影票，没啥大用处。”龚晓农问道。

“你说的那是过去的工会，过去搞计划经济的时候，工会形成了一套活动方式。现在咱们国家搞社会主义市场经济，工会也和过去不一样了，要走中国特色社会主义工会发展道路……算了，说多了你也不懂，等你加入之后慢慢就明白了。简单说吧，加入工会好处可多了。我给你数一数，加入工会有十大好处：第一，单位聘用你时，工会可以教你签合同；第二，单位处分你时，工会有权提意见；第三，单位辞退你时，应当先通知工会；第四，单位与你有劳动争议时，工会帮你调解维权；第五，你想跟老板谈谈工资福利的事，工会代表你集体协商；第六，你想对单位的事提出意见和建议，工会通过职代会帮你实现；第七，你想学点文化技术，工会有职业助推计划帮你圆梦；第八，你如果工作之余还有精力，工会有你说过的打球、照相、吹拉弹唱等你参加；第九，你在工作生活中有了困难，工会通过互助帮扶助你一臂之力；第十，如果你工作干得出色，工会可以推荐你当劳动模范。”龚小慧自豪地说道。

“这么多好处啊，那我一定要参加，现在就参加！可是，工会要我吗？好像入党、入团都得是有一定条件的，我可是个普通的工人，上学的时候连班干部都没当过……”龚晓农急切地应道。

“没问题！工会章程第一条规定，凡在中国境内的企业、事业单位、机关和其他社会组织中，以工资收入为主要生活来源或者与用人单位建立劳动关系的体力劳动者和脑力劳动者，不分民族、种族、性别、职业、宗教信仰、教育程度，承认工会章程，都可以加入工会成为会员。”龚小慧说道。

“这么说来，我还是符合条件的。参加工会的手续复杂不？”龚晓农问道。

“一点也不复杂，你把这表认真重填一遍就行。”龚小慧说。

“然后呢？”龚晓农问道。

“然后，你就是工会会员了。和你讲过了，现在是‘互联网+’时代，我们正大力推进工会网上工作，让工会工作融入互联网，给职工提供方便的服务，网上申请入会就是一项重要工作内容。最近，全国总工会正在建设完善全国工会基层组织和会员管理系统，形成全国工会基层组织和会员实名数据库，职工的入会需求可以在网上申请，得到线下及时的响应，加入工会变得简单多了。各地工会都推出了简便的网上申请入会方式，除了咱们重庆，你再来看看湖北宜昌的……”龚小慧详细地讲解着。

龚小慧一边说着话一边把龚晓农带到电脑前，打开“宜昌市职工服务网”，网站上也有个“我要入会”模块，点击后便弹出一个对话框。龚小慧说：“宜昌是全国的社会治安综合治理试点城市，依托政府的统一数据基础平台，工会网上工作做得有声有色。在申请入会这方面，你只要按要求填写相关信息，在网络后台，你提交的申请信息就已同步到市总工会职工服务平台系统，管理员可以当即进行分派处理，按照行政区划和企业隶属关系，将信息传到你所在的地区工会。后面的程序，就和现在一样了。

“还有，武汉、襄阳等地工会把网络服务平台与城市网格化管理有机结合，依托网格建立网格工会。为了方便职工入会，他们在门户网站、微信公众号上设立职工入会窗口，打造了基层网格建会、职工网上申请入会的工会组建新模式，有效破解了 25 人以下小微企业建会、灵活就业人员入会的难题……”

龚晓农看了半晌，突然提出一个问题：“咱们公司是有工会的，可是还有很多工厂好像没有工会吧，我去年打工的那家企业就没有工会，平时对工人也不怎么样，所以我干了不久就辞职了。我想问的是，如果企业没有工会，他们又会把我这样的人‘分配’到哪里去？是不是我就参加不了工会了？”

“这种状况，工会早就考虑到了。如果你所在企业还没有成立工会组织，我们会把你的工会关系暂时挂在街道工会、城区工会，让你当一名‘直属会员’，这样我们还能顺便发现一家没有建立工会的企业，上级工会就会立即到企业开展建会动员工作，等到你所在的企业成立了工会，再把关系转过去。

“你看，上海也是这样做的。在上海，网上申请入会面向的是有入会意愿的全体职工，针对所在单位已建会的职工，逐级审核后联系所在单位工会，由单位工会直接吸纳其入会。针对所在单位未建立工会的职工，他们出台办法，要求建立体制外入会的‘蓄水池’，依托园区、楼宇、农民工公寓等联合工会吸纳职工入会。通过网上申请入会通道，积累一定的会员数量后，工会就深入企业指导帮助筹建工会。”龚小慧说道。

“这么一来，如果我在过去那家企业申请入会，还算是给工会提供了建会情报对吧，有奖金没有？”龚晓农得意地说道。

“工会给你提供一个温暖的‘家’，还不是对你最大的奖励？”龚小慧说道。

龚晓农听到“家”字，若有所思。

龚小慧继续说道：“网上填表还不算是最方便的，有的地方还可以拿手机实现‘掌上入会’‘一键入会’呢！”说着拿出手机，打开一个名叫“爱异客”的 App。

龚小慧说道：“你看，沈阳市总工会推出的这款‘爱异客’App，只需要在手机上动动手指，几分钟就能加入工会组织，被称作‘指尖入会’。这里面还设置了信息动态、维权帮扶、空中课堂、新市民风采、进城攻略、岗位提供等 8 项菜单服务，就是为了更便捷地为农民工服务。

这是全国第一批通过网络加入工会组织的尝试，这款‘爱异客’App 不到一个月时间就已有近千名农民工注册，数百名农民工加入了工会。”

龚晓农拿过手机后，笑着说：“我再试下，参加沈阳的工会试试。”

“别胡闹了，那叫重复入会，工会的会员基础信息数据库能够比对发现的。”龚小慧说道。

“这么厉害！”龚晓农有点半信半疑地说。

“刚才给你讲过了，如今在互联网上，什么都知道。我们工会现在开展网上工作，重点做的两件事就是入会和维权服务，也就是说要唱好两首歌，第一首就是儿歌《找朋友》——"龚小慧说着唱出声来，"找呀找呀找朋友，找到一个好朋友，敬个礼、握握手，你是我的好朋友……"

"太好了，我能不能当你的，那个……朋友？"龚晓农高兴地说道。

"去你的，如果你再不正经说话，还是去沈阳参加工会吧。"龚小慧说道。

龚晓农说："开玩笑的，让我参加，我还不参加呢，那么远又那么冷。我只参加你的工会。"

"再告诉你一遍，不是我的工会，而是我们的工会。"龚小慧表情严肃地说道。

说话间，全部手续已办理完毕，龚晓农的手机上跳出一条短信："您好！您的入会申请已通过审核，已为您办理入会相关手续，您已正式成为中华全国总工会会员，享有会员权利，履行会员义务。工会将竭诚为您提供周到的服务！"

就这样，龚晓农成了全国2.8亿农民工中一名新鲜的工会会员。像他这样的新会员，在2016年一年中，全国共发展了1500万名。龚晓农说："真不敢想象，过去，别人是有身份的人，我只是个有身份证的人。现在，我也有身份了——我是工会会员！"

"而且，你还是全世界最大的工会组织中的一员，咱们中国工会总共有3亿多会员，比好多国家的总人口还多呢！现在，我代表工会娘家人欢迎你！"龚小慧高兴地说。

龚晓农脸上浮过一丝坏笑：“那我们是不是就算一家人了？”

龚小慧不假思索地说：“对啊！”再一想又发现什么地方不对，嗔怒道：“龚晓农，你在说什么！”

小知识 两微一端

两微一端是指微博、微信及移动客户端。

微信（WeChat）是腾讯公司于2011年1月21日推出的一个为智能终端提供即时通信服务的免费应用程序。据2016年年底微信团队发布的年度生活报告和微信数据报告，微信平均日登录用户达到7.68亿人，50%的用户每天使用微信超过90分钟，日成功音、视频通话总次数达到1亿次，微信红包的日发送总次数为23.5亿次。

微博，即微型博客（MicroBlog）的简称，是一种通过关注机制分享简短实时信息的广播式的社交网络平台，以140字（包括标点符号）的文字更新信息，并实现即时分享。最早、最著名的微博是美国Twitter。2013年是微博的全盛时期，中国微博用户规模达到3.31亿人。当前，仅微博使用率达到了56%，每天发布和转发的信息就超过2亿条。

移动客户端，即Application，简称为App，是苹果公司在智能手机推出后的又一大创新，指安装在智能手机、平板电脑等移动智能终端上的第三方应用软件或应用程序。随着智能手机的普及，App 迅速被广大用户接受并使用，很多大型企业、政务领域顺应形势，开发了各类 App，实现了电子商务、电子政务、智能办公的效果。

在中央和地方网信部门的强力推动下，我国“两微一端”政务新媒体建设得到空前发展。目前，我国政务微博账号达到 24 万个，政务微信账号逾 10 万个，政务客户端发展迅猛，“两微一端”成为政务新媒体发展新模式。

数据库 农民工和农民工会员

2016 年我国农民工增速有所回暖，全年农民工总量 2.81 亿人，比上年增长 1.5%。其中，外出农民工 16934 万人，增长 0.3%；本地农民工 11237 万人，增长 3.4%。2011—2015 年我国农民工总量增长速度逐年减缓，随着人口红利的消失，我国农民工总量增速将逐年减缓。2016 年全国农民工月均收入水平 3275 元，比上年增长 6.6%。

据全国总工会统计，在 2015 年全国新增农民工会员 1500 万人基础上，2016 年继续新增 1500 万人。目前，全国农民工会员有 1.39 亿人，实现农民工会员占农民工总数的近 50%。全国总工会提出，力争到 2020 年实现全国 55% 以上的农民工加入工会组织。

第二章

普惠服务：做个工会“有卡族”

本章中，龚晓农游历到了宜昌。他从重庆坐船顺江而下，沿途饱览了三峡风光，感受了“朝辞白帝彩云间，千里江陵一日还”的美景，沿江景色让他再一次体会到读书的重要性，不读书连情感抒发都成问题。龚晓农只知道李白的这首诗，而龚小慧却还能说出郦道元的文章：“自三峡七百里中，两岸连山，略无阙处。重岩叠嶂，隐天蔽日，自非亭午时分，不见曦月。至于夏水襄陵，沿溯阻绝。或王命急宣，有时朝发白帝，暮到江陵，其间千二百里，虽乘奔御风，不以疾也。”过三峡的时候，龚小慧轻轻地吟出“巴东三峡巫峡长，猿鸣三声泪沾裳”，而龚晓农瞪了半天眼珠子，只冒出一句“长江啊，真长！”

没错，他之所以来到这个城市，是因为龚小慧到这里工作了。列位看官，在本书今后的叙述中，为了表达的方便，他们两人还将以不同的场景、不同的经历出现在不同的城市，这样的场景很可能显得不那么有次序，不要问为什么，也许就是因为在每个城市都有个农民工“龚晓农”，也都有个工会干部“龚小慧”。

来到宜昌之后，龚晓农随即办理了工会关系转接手续，并领到了一张宜昌市总工会发的“三峡职工服务卡”。

在过去，像龚晓农这样流动性比较大的农民工，换个打工城市之后要转接工会关系，是件很麻烦的事情，因此很多人也就懒得转接，造成了很多“数字会员”和重复入会的现象。现在，全国总工会建成了统一的工会会员基础数据库，各地工会数据实现了互联互通，入会转会变得方便多了。在宜昌市工会“互联网 +”职工服务平台系统上，工会平台管理员每天定期登录，查询了解会籍转接信息，通过平台痕迹管理功能及时跟进督办。在龚晓农提交会籍转接申请之后，平台管理员很快就在职工服务系统中的“会籍转接申请管理”模块中看到了他的申请信息。接到信息后，市总工会管理员根据龚晓农所在单位的归属地，点击“业务分派”，将他的申请信息分派给所在地工会管理员，并发出短信提醒通知，接到通知的单位工会管理员登入平台，完成申请信息的校核处置。在申请中，龚晓农未将单位名称填写完整，管理员根据动态实名制数据库关联比对，校核了他的转出单位和转入组织信息，自动生成单位工会主席、联系电话、所在区域等基本信息，确保了他的申请能及时传送。

完成这一步骤之后，龚晓农的申请信息同步到了职工服务网，基层工会主席通过网上的工会主席登录端口，进入“组织信息”里的“会籍转接申请管理”模块，只要点一下“处理”按钮，就自动生成了《工会会员组织关系介绍信》和《工会会员组织关系管理卡》，最后点击“同意”，龚晓农的信息就自动从原单位迁出，进入本单位会员信息库，完成了会籍关系转接操作。

龚晓农拿着这张“三峡职工服务卡”找到了龚小慧，见面就问：“这两天怎么搞的，找你找不到，打电话也不接，微信也不回，是不是我什么地方得罪你了？”

龚小慧兴奋地说：“这两天全国总工会正在宜昌召开‘互联网+’普惠性服务职工工作现场会，我到会上做志愿者去了！”

龚晓农急忙问：“你们这个现场会，到底是干啥的？”

龚小慧眉飞色舞地说：“这个会啊，太重要了，这是全国总工会第一次召开‘互联网+’服务职工的会议，之所以安排在咱们宜昌召开，是因为宜昌这方面的工作走在了前头，全国工会最大的领导，中央政治局委员、中华全国总工会主席李建国还对宜昌的经验做出过批示，让全国学习呢！会上，全国总工会党组书记、副主席、书记处第一书记李玉赋讲话指出，要建立网上网下深度融合、互相联动的服务职工新格局。听说全国总工会在试点改革中还专门成立了一个网络工作部呢！”

“这个部是干什么的？”龚晓农好奇地问。

“据说就是管职工会员网上服务的。李玉赋主席说了，要创建网上工作平台，完善服务职工体系，实行普惠性服务，坚持运用互联网思维，创新工作理念、转变工作方式、拓展工作内容，实现服务对象从特殊群体向全体会员转变，服务方式从工会‘定菜单’向职工‘点菜单’转变，服务手段从线下为主向线上线下互动融合转变。”龚小慧得意地说。

“几天不见，你好像去了一趟重庆的磁器口，现在整的词儿都是一套一套的，听起来像是个‘工会通’。不过，说了半天，我就听出个‘对象’和‘普惠’，你给说说这是怎么回事吧。”龚晓农打趣地说。

“这么说吧，过去工会工作比较偏重特殊人群，比如劳模、困难职工，这部分人群毕竟是职工中的少数，服务也是一种特惠服务，就像‘手电筒’只能照亮有限的区域一样。为困难职工和劳模服务是应该的，但是工会也不能忘记广大普通会员群众。现在，开展工会网上工作就是要点亮‘火炬’甚至是‘太阳’——将服务的重点向广大普通职工特别是一线职工、农民工延伸，实现两个覆盖——网络覆盖每一个基层工会，服务覆盖每一个基层的职工。做到哪里有职工，哪里就有工会组织提供的贴心服务，实现服务对象全覆盖、服务时间全天候。明白没有？就拿你手里的这张卡来说吧，这就是工会网上服务的载体之一。”龚小慧认真地解释道。

“说得真好听，不就是张银行卡吗。前些年，三天两头就有各个银行上门推销卡，不过一听说我是农民工，就没有兴趣了。”龚晓农说道。

“工会会员服务卡不同于一般的银行卡，服务质量如何，事关职工群众对工会组织的认同度和信任感，玉赋主席说了，要加强区域合作、共享资源优势，真正使服务卡变成广大职工看得见、用得着、信得过的‘连心卡’。”龚小慧说道。

“说到这儿，我正想问你呢，这卡到底有什么好处？”龚晓农问道。

“这张卡啊，用了都说好，你用过没有？”龚小慧问道。

“没呢，刚领到手，还不知道到什么地方去用……”龚晓农说。

“难怪你不知道！”龚小慧瞥了一眼龚晓农继续说道：“现在我就来给你解释一下它的好处。”

龚小慧拿着“三峡职工服务卡”，对龚晓农如数家珍般地指点起来，她说：“三峡职工服务卡是宜昌市总工会和湖北银行宜昌分

服务转变

职工服务卡
这怎么用?

行面向全体工会会员发放的普惠银行卡，凭借此卡，职工可享受打折、医疗保障、求职、培训等多项优惠服务。

"比如说吧，在宜昌天河国际影城，刷三峡职工服务卡购票可享受优惠价格；在大禹学子书店，刷卡购买一般图书享受 8.5 折优惠；在本草堂大药房，凭卡消费享受 9.8 折优惠，购物达 38 元还送礼品；在武商量贩，持卡到下属门店消费享受 9.8 折优惠；在维克多羽毛球馆，球馆场租费双休及节假日 6 折；在武汉国美电器有限公司宜昌分公司，持卡用户可在议价的基础上，再享受 9.8 折优惠；在宜昌市中心医院，持卡人本人体检 9 折优惠；在车溪风景区，门票按挂牌价 8 折优惠；还有……"

"等等，等等，你先停一下，让我也喘口气，这些我已经记不住了！"龚晓农连忙说道。

"这才是其中很小的一部分。而且，这还只是宜昌推出的服务卡，现在全国各地工会都在推出类似的服务项目呢，一个比一个精彩，一个比一个实惠。"龚小惠说罢拿出一沓卡，挨个向龚晓农展示起来。

"你哪儿来的这么多卡啊？像个倒卖卡的贩子似

的。"龚晓农好奇地问道。

"这些都是样卡，是本次现场会上，各地工会向职工会员发放的服务卡的一部分样卡，全总提出的口号是'一片心、一叠卡、一张网、一个家'，这'一叠卡'和'一张网'，都是网络工作的事儿。"龚小慧认真地说道。

"我说句话你可别不爱听啊，现在的商家，发卡、优惠、打折的活动太多了，就连我的老母亲，在老家也有好几个超市的会员卡呢，我是工会会员，她老人家也是会员——超市会员，嘿嘿。咱们工会的会员卡，和那些超市优惠卡有啥不同？我看你们工会下面连个超市门店都没有，怎么给会员提供优惠服务？"龚晓农将信将疑地问。

"你提的问题也是很多工会会员的疑问所在，看来，我更需要给你好好上一课了。告诉你吧，工会提供的普惠服务和商家的优惠活动有着本质的区别，工会的出发点是为职工会员服务，而不是从职工身上赚钱。"龚小慧回答道。

"工会不挣钱，莫非还贴钱不成？"龚晓农怀疑地问道。

"你说对了，这张会员服务卡的后面，湖北省总工会就投入了3000多万元呢。"龚小慧说道。

"现在还真有人肯干贴钱的事儿？"龚晓农吃惊地问道。

龚小慧告诉他，工会的网上工作，就是要为所有实名会员提供多种有足够吸引力的普惠性服务。湖北省总工会投入3000多万元，开发了网络服务平台和基础数据库系统软件。推进工会网上

服务职工工作，他们坚持高标准设计，力图打造全省工会服务职工“一张网”，实现“全省覆盖、五级联通、一网运行”的工作架构，做到“组织动员、宣传引导、维权服务”三位一体，同时着力发挥“互联网 +”服务职工体系的效能，进行普惠化服务，开辟新空间，拓展普惠服务领域。

龚小慧继续说道：“这个平台起了很大作用！全省工会依托网络服务平台，建立点对点、精准化的职工诉求快速反应机制，赢得了职工好评。仅 2016 年，各级工会就通过网络平台受理回复职工诉求达 1.3 万件次。”

龚小慧接着告诉他，湖北省总工会还在门户网站开设职工学习课堂，为全省职工免费提供 300 多门网上培训课程；在网络平台上增设"职工求学圆梦"学习平台，为职工提供网上职业资格培训及学历教育。全省部分市州和大型企业工会运用网络平台、微信公众号，搭建起"互联网职工之家""职工E家"等载体，为职工提供生活服务、信息查询、政策咨询等多种形式的服务。这样一来，全省工会通过网络服务平台建立了与职工共生共融的联系机制，在职工中构建"朋友圈"，架起"连心桥"，把工会与职工紧紧"黏合"在一起，变"职工在路上走"为"数据在网上跑"。通过在线留言、网上调查等方式，汇集分析职工意愿呼声，为职工提供更多量身定做的服务；采取网上测评等途径，组织职工对工会工作评头论足，并根据职工反馈不断改进工作，努力让职工群众有更多的获得感。

龚晓农吃惊地张大了嘴，说道："厉害了，word工会！"

"这还不算最厉害的，我们接着再来看看北京工会的服务内容。北京市总工会发放的实名卡，成为工会会员'第二张身份证'，这张服务卡既是会员身份的证明，也是工会实施服务项目、会员享受普惠服务的载体。

"近年来，北京市总工会为职工办理了349万张会员互助服务卡，探索出一条'全覆盖、普惠制，信息化、实名制，社会化、项目制'的工作方式，形成了'互联网+'工会普惠性服务工作模式，为会员提供了看得见、摸得着、有人气的工会服务。

"另外，还有工会开发的商业优惠项目，成为工会服务的有益补充，既扩大了工会的社会影响，又掌握了普惠服务的主导权，收到了‘工惠’与‘商惠’相得益彰的效果。现在，北京市总工会三级服务平台已累计开展服务项目5000余项，带动了5.1万家基层工会实名制，服务职工2000余万人次。”龚小慧详细地介绍说。

“到底是首都啊，就是不一样！”龚晓农一脸羡慕的表情说道。

“虽然各地做法不一样，但为职工会员服务的心是一样的。我再来给你看一下天津的网上服务。

“在天津，如果你持有工会会员卡，工会还会给你发放购书卡呢！不久前，天津市总工会通过App和微信公众号，开展‘建设书香天津，倡导职工阅读’活动，采取‘1元秒杀’的方式向3万名持卡会员陆续发放总价值150万元的购书卡。这是天津市总工会2016年启动的服务职工‘五大行动’和‘十件实事’之一。他们通过网上报名、数据库筛选的方式，实施为万名持卡困难会员免费体检活动，还推出了持卡会员专属互助保障计划，市总工会和区县局工会为持卡会员每人每年出资 20 元，累计 3560 万元，提供重大疾病、非工伤意外死亡、家庭火灾重大损失保障。目前，共救助会员 1501 人，发放保障金 1510 万元。”龚小慧说。

听了龚小慧的介绍，龚晓农略带忧伤地说：“你说的这都是直辖市，听起来高大上，但毕竟离我们太远了。”

“别以为只有大城市才搞普惠服务，咱们宜昌不也正搞得有声有色吗。事实上，全国各地越来越多的工会组织，正在面向职工推出越来越多的网上服务项目。”龚小慧随即介绍了河北、河南的相关做法。

河北的工会会员服务卡被职工称为“金名片”，因为这张卡里自带一份保险。省总工会率先将“非工伤意外伤害及家庭财产（火灾）损失免费保障”扩大到全体会员，作为省级服务项目先期加载到会员卡上。河北各级工会从职工需求出发，将医院、景区、超市、酒店、药房、影院、加油站等作为重要合作商家，签订低于促销价格的折扣协议，把实打实的优惠让利于会员，短时间内已签约商户 1823 家。各级工会累计投入 4000 多万元，对会员的衣、食、住、行等方面优惠服务给予补贴。石家庄、唐山等市总工会分别投入千万元，为会员增加了医疗费用二次报销的服务，受到职工的普遍欢迎。据不完全统计，通过开展普惠服务，已直接吸引 10 万余名职工加入工会。

在河南郑州，工会会员卡可以当作公交卡来使用。郑州市总工会整合优质服务资源，做实工会会员卡功能。推行“身份标识、工会服务、商家特惠、金融服务、绿城通”五项功能集于一身的工会会员卡，打造一卡多用、关怀备至的工会普惠服务新载体，按照每卡 50—100 元的标准进行一次性“绿城通”充值。

河南省各级工会建立了网上职工便利商圈，各地工会可根据实际情况加载优惠服务项目。“河南职工生活服务”微信公众号集定位、导航、网上预约、消费互动等功能为一体，通过优选商家服务，及时推送优惠信息，让持卡会员畅享购物优惠。他们还建立职工婚恋交友活动网上网下互动机制，适时组织见面会和联谊会。2016 年，组织婚恋交友活动 150 多场，参与活动的单身职工 6.8 万人次，7000 多名职工找到了对象。

听了这些，龚晓农惊叹了一声：“工会还管介绍对象啊，这么好的福利！太好了，你知道，我还没对象呢……”

龚小慧说:"好办!那我介绍你去河南工作吧!岂止是介绍对象,工会还有很多服务项目呢。告诉你吧,这几年,河南省各级工会投入 2000 多万元,用于购买专业化社会服务。组建了 5490 人的工会法律援助志愿服务队、3000 多人的红娘志愿服务队和 1000 多人的职工就业服务队,为职工提供专业化、高水平的服务。目前,河南各级工会发放工会会员卡 280 万张,签约商家 8584 家,普惠服务职工 600 多万人次。2016 年全省新建工会组织 6445 家,新发展会员 80 万人,其中农民工会员 67 万人。这么好的地方,你去不去?"

"不去!实话告诉你,我去过了,前年我就是在那里打工,现在我想换个新的地方,看看不一样的世界。"龚晓农说道。

"那我给你介绍另一个地方吧,是个大城市,上海。"接着,龚小慧开始介绍上海的情况。

"在上海,工会实施普惠服务,职工入会就送'大礼包'——职工只要加入工会,即可享受'五个一'的工会会员大礼包,即办理一张会员证、一张会员服务卡、一份会员专享保障计划、赠送一本维权手册、开展一次工会活动。他们通过'申工社'微信公众号和 App 频繁推送普惠服务和优惠信息,职工入会后就能马上参与到工会活动当中。

"上海市总工会的活动月月有精彩、四季有主题、年终有惊喜。每月固定日期开展网上网下普惠活动,每季度开展工会会员专场话剧、音乐会等活动,年终开展工会会员服务日大型主题活

动。还推出‘十大服务职工实事项目’，包括技能等级晋升奖励、EBA 培训补贴等，有效激发了职工入会动力。

“另外，你要享受工会的服务，获得工会的荣誉，也必须加入工会才行，在‘上海工匠’评选中，会员身份被列为准入条件，这个称号还是很有吸引力的，一大批有技术、有技能、有技艺的蓝领工人纷纷在线提交入会申请。

“说完上海，咱们再说说前面提过的沈阳。沈阳市总工会与建设银行合作，于 2014 年年底向包括农民工在内的全市会员免费发放工会会员服务卡。这张卡片拥有普惠制五大功能，即大病保障及医疗帮扶计划、组合保险项目、文体设施优惠服务、便捷生活服务、金融及商业服务，让广大农民工享受同城待遇。全市各级工会依托会员服务卡，推出多种服务项目，满足服务职工的多元化、个性化需求，目前已发卡 121 万张，受到职工群众的普遍欢迎。

"在遥远的北方，内蒙古锡林浩特，尽管工会经费力量薄弱，他们还是先后投入资金85万元，用于开发普惠服务平台及服务项目，市总工会与农村银行合作，整合普惠资源，制发实名制会员服务卡1.2万张。他们选择与职工生活密切相关、服务质量好、社会信誉度高、实力雄厚、位置优越、商业网点多的126个商家签订合作协议，满足职工多样化需求。另外，还通过组织普惠商家联盟、建立工会普惠商家工会联合会等方式，不仅最大限度地让会员享受让利服务，也扩大了工会组织的影响力和凝聚力。

"还有原来咱们打工的重庆，更是惠工福利人人有。工会集聚文化体育、娱乐消费、休闲旅游、运动健身、医疗保健等服务资源，以线上和线下相结合的方式，整合以京东商城等为代表的近60万在线直营商品及以万达影院等为代表的62个重庆主流影院服务。通过与第三方平台的合作，目前已集聚全国40万名医生、全市全部公立医院、2000余家连锁药房等资源，实现天天推出优惠活动、定期组织文体活动，让职工尽享惠工福利服务。"

龚小慧一口气从上海介绍到内蒙古，再到重庆，龚晓农听后说："听了你的介绍，我发现你好像是在中国地图上绕了一圈，现在又回到了出发点……"

"竭诚为职工会员服务才是我们工会工作最根本的出发点。"龚小慧自豪地说。

"看来你们工会确实是在为职工操心，说了这么多，你累不累啊？"龚晓农问道。

“什么叫你们工会？是我们工会，别忘了你现在也是工会会员。只要职工满意，我们工会干部再累也愿意。工会网上工作，就是要给职工提供多样性、个性化的服务。过去在计划经济年代，工会服务职工的手段单一，事实上想不单一也没有别的办法，职工就只有一种类型，工作生活需求大体也都差不多，也基本上没有劳动关系的矛盾。但是，现在的情况发生了很大变化，职工队伍分化，收入差距加大，诉求多样。怎么样做好职工工作，需要工会工作创新。幸好日益进步的技术手段也为工会工作创新提供了可能，互联网就是重要的载体和手段。正是互联网技术的发展，给各地丰富多彩的服务职工项目提供了可能——给你介绍了这么多地方，这么多服务，总有一款适合你，你到底愿意去哪个城市？”龚小慧问道。

“你去哪里，我就去哪里。”龚晓农诡秘地笑着说。

小知识 “互联网 +”普惠服务活动

“互联网 +”普惠服务活动是《全国总工会网上工作行动计划》十大专项活动之一。其目的是整合工会内外资源，利用网络延长工作手臂，深入开展“互联网 +”普惠服务职工工作，推进职工网上申请入会和会员实名制管理，建立包括微信公众号在内的服务平台载体，实现服务方式从工会“定菜单”向职工“点菜单”转变，服务手段从线下为主到线上线下互动融合转变，有效吸引和凝聚职工。

《全国工会网上工作纲要（2017—2020 年）》提出全国工会网上工作的主要任务之一是建立“十大应用”，其中之一即普惠服务类应用。通过运用互联网和大数据技术，吸引市场和社会力量，探索适宜工会开展的合作制互助性的各类普惠服务。全总组织探索在国家层面开展保险类职工互助金融服务、职工网上技能培训服务、就业服务、职工心理关怀服务等；各地区性工会根据自身的需要和条件，组织开发具有区域特色的普惠服务。

2016 年，通过包括互联网载体在内的各种平台，全国工会组织帮助 476 万名农民工平安返乡，为 225 万名农民工追回被拖欠工资 227.3 亿元；开展以农民工为服务主体的全国工会就业创业援助月活动，为 65 万人提供就业技能培训，帮助 206 万人成功就业；全总联合 10 部门制定加强农民工尘肺病防治工作意见，组织专业律师为农民工提供免费法律咨询服务5000多万人次，推动户外劳动者服务站点建设。目前，全国总工会已经制定了《中华全国总工会农民工工作规划（2016—2020年）》，提出到2020年年底，实现建档困难农民工全部解困脱困。2017年，各级工会将继续着力做好为农民工服务工作，通过“互联网+”普惠服务活动，开展农民工会员实名制普查，多渠道促进农民工就业创业，积极参与实施农民工职业技能提升计划等。

案例

各地工会网上服务职工项目

★天津市总工会启动了全市四级职工服务体系建设，投资2000余万元建设市级职工服务中心，会员可以凭卡在市总工会所属的文化宫、疗养院等工会服务阵地享受大幅度的打折优惠。

此外，他们还积极推动合作商家为持卡会员提供服务。在北辰区开展试点，免费为商家提供POS机，凡持卡会员凭卡消费，使用POS机结账，商家一律给予平均8.5折的优惠。

通过开展普惠性服务，有效推进了会员实名制管理，同时有效激发了会员意识，“互联网+”工会普惠性服务体现了会员与非会员的区别，更好地服务于工会会员，吸引了越来越多的非公企业和零散就业职工主动加入工会。近两年来，全市净增会员 25 万人，占近 5 年来净增会员总量的 75%。

★河北省总工会近年来已发放会员卡 80 多万张，各级工会依托会员卡实施精准服务，会员卡与手机、网站链接，通过短信、微信、App 客户端与会员点对点连接，实现普惠服务精准发力，各地工会依托会员卡实现对会员的精准化、精细化服务。河北省总工会还将“会员入会仪式”与“会员卡发放仪式”相结合，积极扩大宣传，提升了会员的荣誉感和会员卡的知名度。

★郑州市总工会推出以工会服务为主体，聚合搭载互助保障、女工关爱、心理关怀、农民工培训等服务项目的“服务套餐”，为会员提供免除办卡费、年费、异地同行存取款手续费等优惠，实现了工会卡享受公交 8 折、地铁 9.5 折优惠，并可在全国 72 个城市使用；围绕职工衣食住行，洽谈签约优惠商家 600 多家，还开发电子地图导航、会员消费点评、优质服务商家排行榜等功能，积极与合作商家策划开展持卡会员专属优惠活动，深受广大职工会员欢迎。推出不久，申办工会会员卡的基层工会已超过 4000 家，办卡会员 68 万多人。

第三章

权益维护：做个“有后台”的人

可怜的龚晓农，这回摊上事儿了。

龚晓农很着急，这次他不仅失去了岗位，而且还被欠薪了。真是“屋漏偏逢连夜雨，船迟又遇打头风。”

要在以往，龚晓农并不太在意被“炒鱿鱼”。事实上在他打工的这几年里，就是不断地下岗上岗，失业就业，有时被老板“炒”，有时也主动“炒”过老板。这些年来，由于他一直追求变换工作城市、变换工作岗位的新鲜感，每个地方、每家企业都干不了太长时间，所以他对劳动合同、“五险一金”之类，看得并不是很重，有些时候，老板不签订劳动合同他也不在乎，有些时候，他还主动提出不要签订合同，他不想被一纸合同束缚了自己。

这次，他终于尝到了自酿的苦酒。

顺便说一下，这回龚晓农来上海工作，主要是因为上次听了龚小慧的介绍，上海工会的网上服务很让他神往，当然更主要的是，不久前龚小慧也来到了这个城市工作。这几年，龚晓农工作的城市越换越大，显然和龚小慧进步的足迹密切相关。

初来乍到，他发现这个大城市的工作不好找。为了落脚，他先找了一家建筑公司打工，工作环境与待遇都不是太好，工地在远郊区，再走几步可能就出了上海地界了。这里的人们说，上海内环住着说英语的，中环住着说韩语的，外环住着说上海话的。只有在远郊区，住的才是他们这些说外地方言的。

龚晓农心里想着骑驴找马，找到下一家单位就离开。

谁知道，他在建筑工地卖了半年的力气，看着高楼拔地而起，而他却拿不到工钱，而且就在高楼竣工的前夕，让老板打发下岗了。

他找了老板无数次，每次老板都理直气壮地说：“我承包的这是政府工程，现在政府还拖着工程款没给呢，我也没有办法。”

龚晓农和工友们去当地政府询问过，得到的消息是，政府早就给了老板工程款，只不过老板拿去炒股，赶上股灾，亏了。

后来，老板干脆摆出一副无赖嘴脸，否认他在这里打过工。老板坐在大班台后面，叼着烟，吐了个烟圈对龚晓农说：“公司和你签订过劳动合同吗？你拿什么证明在我公司里干过活？”

龚晓农傻眼了，当初不签订劳动合同是他同意的。

活白干了，钱泡汤了，这可真是贴上力气还赔钱。他一气之下，想转身离开这个城市。心想大不了工钱不要了，这样的上当经历，他在以往也有过几回，还不至于倾家荡产，也不至于悲痛欲绝。

可是龚晓农转念一想，又觉得不能就这么算了。首先是咽不下这口气。其次，他学了这么多工会知识，知道自己也是有权益的。再说，他不想离开这个城市，确切地说，不想离开在这个城市工作的龚小慧。

昨天，他再次去讨薪时，老板欺负他是个外乡人，在本地无依无靠，操着一口本地方言，有恃无恐地说："要钱是没有的啦，爱上哪告就告去好啦！"

看他那副样子，好像如今欠账的反倒比债主还凶。

龚晓农为此想过多种办法，比如到政府门口打个标语，到楼顶上喊喊口号吸引注意，甚至想过冲到老板办公室，拿刀子顶在他腰上……不过想来想去，他觉得自己没这个胆量。

最后，他还是找到了工会。因为他觉得，还是找工会靠得住些。

龚晓农把自己的遭遇说给龚小慧听，没想到龚小慧第一句就问："公司和你签订劳动合同了吗？"

这语气，简直和那老板说得一模一样。

龚晓农红着脸不好意思地说："没有。"

龚小慧说："这是个教训。记住，以后不管到哪里，从事什么工作，第一件事就是要签订劳动合同，劳动合同是保障你合法权益的基础。"

龚晓农说："就算我错了，那是不是就这样便宜了那个黑心老板？我这事还有希望没有？要是拿不到工钱的话，我就跑到刚盖好的大楼顶上跳楼去。"

龚小慧说：“千万不能这样干！为了这点钱，你不至于吧？”

龚晓农说：“那倒不至于，我只是想吓他们一下。”

龚小慧说：“这么干，你就违法了。”

龚晓农说：“那我该怎么办？”

龚小慧说：“放心吧，我们会帮你的。党中央和国务院对拖欠农民工工资事件十分重视，就在2017年春节之前，李克强总理还亲自帮农民工讨工钱呢。春节过后一上班，李克强总理就召开国务院常务会议，部署建立解决农民工工资拖欠的长效机制，切实维护农民工合法权益。总理说了，农民群众打工不易，挣的都是辛苦钱，往往承担着整个家庭的希望，再拖欠他们的工资实属不该！春节刚过就研究这件事，就是要对广大农民工发出强烈的信号：各级政府支持你们出去打工，并保证你们出得去、有所得。决不能让广大农民工的辛勤付出得不到回报！”

龚晓农说：“前些年，温家宝总理也亲自帮四川的农民工讨过工钱。可是话说回来，一份工钱，需要两任总理接力来讨要，是不是说明这个问题一直存在，很难解决？”

龚小慧说：“正是因为有问题，才需要我们做工作，一刻也不能放松。这次李克强总理说了，要对欠薪问题反复抓、抓到底，决不能让广大农民工的辛勤付出得不到回报。要严肃查处欠薪违法行为，包括欠薪陈案，坚决打击恶意欠薪违法犯罪。要建立协调解决欠薪问题的地方政府横向网络，对因欠薪导致生活困难的农民工要加大救助力度。要畅通网站、热线等欠薪投诉举报渠道，并通过媒体或在工地设告示牌等方式广而告之，让农民工投诉有门。另外，还要建立拖欠工资黑名单制度，全面推行施工过程结算、工资专户管理和银行代发等制度，加快构建确保农民工拿到辛苦钱的长效机制。可以说，这是力度最大的一次了。

“各级工会近年来也一直在这方面加大工作力度，切实维护农民工合法权益。”龚小慧打开电脑对龚晓农说：“过来，给你看看这个，这是全国总工会的普法网站和普法微博——

“工会组织一直在为维护农民工的合法权益而努力，你平时要是多看看这个，也就不会做出不签订劳动合同之类的傻事了。”龚小慧接着问：“你有没有其他证据，证明和那家公司的劳动关系？比如说，考勤表、工卡什么的。”

“有！”龚晓农像抓了根救命稻草般急切地说。

“你与单位已经构成了事实劳动关系，哪怕没有劳动合同，我们工会也可以维护你的合法权益，你就放心吧！”龚小慧说道。

龚晓农不解地问：“你能怎么帮我呢？”

龚小慧说：“你这种情况，可以申请工会的职工法律援助。我们工会有职工法律援助中心，并有相应的制度，工会建立法律援助制度，就是为了给合法权益受到侵害的职工、工会工作者和工会组织提供无偿法律服务。你的情况刚好符合工会法律援助的范围。

“全国总工会正在开展工会法治宣传网上行动，充分利用网络新媒体加强工会普法宣传，扩展普法网站和普法微博、微信公众号功能。采用多种形式增强广大职工学法用法积极性，吸引更多的职工群众参与到工会法治宣传教育活动中来。你要是提前关注，多多学习一下，对你维护自己的权益很有好处。

“他们建立了职工法律服务网络系统（法联网），构建工会法律工作沟通联系服务平台，包括工会参与立法、法治宣传教育、劳动法律监督、劳动争议处理、职工法律服务等，具有法律法规政策发布、信息交流、数据统计、人员管理等功能。还有职工法律服务平台，可以实现参与立法意见征集、法律法规查询、法律知识解读、典型案例分析发布、法律咨询解答，以及劳动法律监督、劳动争议调解和法律服务等维权服务。”

“太好了，我这次真是找对了地方，工会真是我们的贴心人。那么，我该怎么办手续呢？对了，你们这个援助收费不收费啊。”龚晓农高兴地说。

“工会法律援助为职工提供无偿法律服务。而且，现在全国工会大力开展网上工作之后，这一渠道更加便捷畅通了。现在，再给你看一样‘神器’。”龚小慧神秘地说。

龚晓农接过龚小慧递来的手机，上面显示着一个App——申工社。龚晓农有些不明白地说：“写错字了吧，应该是公社，对不对？”

龚小慧说：“没有错，这是上海市总工会的App，上海旧称为申，所以叫‘申工社’。在这个App里面，有一个栏目就叫‘我要维权’。在工会法律援助栏目中，工会发布了法律知识、法律法规和一些精选案例。你有什么问题，都可以向‘工会法律援助’请教。”

“我的问题你清楚，被拖欠工资了呗。”龚晓农说。

“对于拖欠工资的法律规定，请看这里——”龚小慧点开一个“用人单位未‘及时、足额’支付劳动报酬的情况应该如何理解？”的标题链接说，“这里面，已经把办法全教给你了，法律为你撑腰，你就拿着这个去找老板，理直气壮维权去！”

“找过了，老板态度很恶劣，就是不给。我一个外地人，有什么办法？”龚晓农

无奈地说。

“别怕，我们有专业的法律工作者为你撑腰。你看到‘朱雪芹工作室’这个栏目了吗？”龚小慧指着App中的一个板块说。

“看到了，我刚才还纳闷呢，这工作室是做什么的？”龚晓农答道。

“朱雪芹名气可大了，她是全国劳动模范、上海市总工会副主席，还是农民工人大代表，这就是以她的名字命名的职工援助服务中心，通过线上线下相结合的方式，为本市农民工、外来务工人员、弱势职工群体提供劳动争议法律维权服务。‘申工社’微信号还专门制作了‘有冤情找雪芹’的广告语呢！”龚小慧说道。

“这么说来，这位律师还是咱们工会的领导？我也可以找到大律师、大领导帮我打官司了？可是，这么大的领导，会帮我这个普通工人吗？”龚晓农半信半疑地问。

“当然，咱们工会，就是为职工服务的，你只要在‘朱雪芹工作室’栏目中填写相关信息，就能随时随地轻松实现线上维权。”龚小慧说道。

龚晓农按照龚小慧的指点，填报了相关信息，果然很快就有工作人员与他取得了联系，在核实了解了相关情况之后，帮助他向单位发去了律师函。那家公司老板一看，市总工会都出面了，律师名头也很大，不敢怠慢，很快就把拖欠的工资补给了龚晓农。

“一键维权”的威力让龚晓农对工会刮目相看。拿到补齐的工资，龚晓农对龚小慧说：“我要请那位朱律师吃饭！”

龚小慧说：“给你说过了，我们工会为职工提供法律援助是无偿的。你挣钱也不容易，还是留着孝敬父母吧！”

龚晓农说：“那我该怎么感谢工会帮了我这么大的忙呢？以前，我工作过的地方，也被人拖欠过工钱，还不止一次，但这么短时间内，这么痛快利落地讨要回来，还真的是第一次。工会太厉害了！”

龚小慧说：“工会为职工维权，是我们的天职本分，我们不图回报与感谢，只要职工满意，我们也就放心了。”

龚晓农说：“那我请不到朱律师，请你喝咖啡总可以吧！你可别拒绝啊，我会伤心的。要知道，我们这些吃大蒜的人，请人喝一次咖啡是要下很大决心的。上海的一个明星说过，吃大蒜的是把享受留给自己，味道留给别人；喝咖啡的是把苦味自己品尝，清香留给别人……”

龚小慧说：“又开始贫嘴了，你这样的，应该到‘扶贫办’去工作。”

龚晓农说：“我的意思其实就是想说，我们农民工，也有权利享受体面的生活，对不对？正好，我还想向你请教一些维权的知识呢，等以后周围的工友遇到问题，我也好帮他们的忙。”

“你有这个觉悟还不错，答应你了。”龚小慧笑着说道。

两天后，在外滩一家咖啡馆，龚小慧向龚晓农讲解了工会网上维权的基本知识。

她告诉龚晓农，如今在工会维权的网络载体中，手机 App 是一个重要的方面。例如，沈阳市总工会的“爱异客”App。

龚晓农说：“早知道这样，我就去沈阳打工。”

龚小慧问他：“你过去也和老板发生过劳动纠纷，失过业下过岗，被企业拖欠过工资，遇到这种情况，一般去找谁，都是怎么解决的？”

龚晓农说：“还能怎么解决，咱们工人的胳膊总是拧不过老板的大腿。钱不多，就认倒霉呗！欠的钱就当是喂了狗，要是欠钱的人多，或者数额比较大，就去找朋友、找老乡，一伙人上工厂去闹，有时候闹大了，也能讨回一些，不过拿回来的工钱，再请帮忙的兄弟喝一顿酒，基本上也就剩不下多少了。”

“你们就从来没有想过找工会？”龚小慧问道。

“这个真没有。再说，以前不是不认识你吗。”龚晓农回答道。

“也没有想过寻求法律渠道解决？”龚小慧问道。

“这个，还真有过几次，几个‘律师’找上门来，说要帮我们‘维权’，但是后来发现，那些人路子有些不正，我们担心靠不住。”龚晓农说道。

“什么情况？”龚小慧警觉地问道。

“那是前年在广东打工的时候，有次因为工资、社保等方面的问题，工人和企业主发生了纠纷，有几个自称‘维权服务部’的‘律师’主动找上门来，说能帮我们解决问题，不仅能讨回工资，还能要到更多的钱。一开始我们很高兴，但是后来慢慢发现有些不对劲。他们教给工人的招数只有一条，就是鼓动停工、上街、堵路，把事情闹大。还说只有这样，政府才会出面解决，工人才能争取到更大的利益。”龚晓农说道。

“我提醒你一句，千万记住，任何情况下，都要通过合法渠道反映合理诉求，也就是说，要在法律的范围内。”龚小慧说道。

“我觉得也是这样，我们工人和企业有矛盾，但我们并不反对政府啊，为什么要上街给政府添乱？”龚晓农说道。

“现在有一些人，打着‘维权’的旗号，其实是想抹黑政府、抹黑工会，并不是真正为了工人利益，一定要看清楚，不能上当。”龚小慧说道。

“可不是吗，他们一直对我们说，现在的工会不顶用，是和老板穿一条裤子的。可是那次，闹到后来砸了厂子、上了街，等到事情闹大了，挑头的人也被抓了起来，那几个人却找不见了，最后还是当地总工会出面解决的问题。”龚晓农说道。

“中国工会讲的是‘双维护’，既维护职工权益，也维护企业发展。两者并不矛盾。”龚小慧说道。

“我们工人现在处境太难了，需要维权的地方太多了！我这次被欠薪，还算不上是最严重的。还有很多工人，虽说工资也能正常领到，但是很低，有些人上有老下有小，拖家带口的，生活十分困难。我过去在河南打工时的一个工友就是这样，父母年纪大了，爱人生病下岗，孩子上学需要花钱，他那点工资要养家糊口，也只能勉强温饱，再遇上场大病啥的，马上就过不下去了……”龚晓农说道。

“有困难找工会啊。困难职工帮扶是工会的基本职责之一。现在有了网络，对职工来说更方便了，你来看看这个——”龚小慧说着便打开了河南省总工会的“豫工惠”App。“豫工惠”中专门设置了“困难帮扶”栏目，对困难职工帮扶资金的使用对象、范围、标准、程序和形式进行了介绍。如符合条件，可直接在App中进行申请，申请的验证身份信息页面设置有“是否农民工”的选项。“豫工惠”还有个律师端，提供专业法律咨询。

龚小慧向龚晓农介绍，现在这样的困难职工帮扶网络载体很多，可以说，几乎每个工会的网站和“两微一端”上，都有这样的项目。重庆市总工会“渝工娘家人”App，在其“掌上工会”板块中设置了“困难帮扶”“四季帮扶”栏目，公布了联系人手机号码和地址。困难职工帮扶可以算是工会的看家绝学，这项活动要上溯到发端于20世纪的“送温暖”活动。

“为了实现困难职工帮扶的网络化信息化，全总还建立了全国工会困难职工帮扶工作管理系统。这一系统建设于2007年，经多次升级，软件功能和数据规模逐步发展壮大，系统可以实现困难职工档案管理、帮扶救助信息管理、帮扶资金管理、财政资金实名报表管理等功能，对提高困难职工档案管理效率、严格执行建档标准制度、健全帮扶资金使用监管起到了重要作用。另外，微信号也是维权的重要载体。”说罢，龚小慧向龚晓农详细介绍了一些工会的微信号。

杭州市总工会的“杭州工会”微信号，有一个“春风行动”

栏目，通过图文并茂的方式对工会开展的各项帮扶救助工作进行介绍。“深圳工会”微信号专门开设了“小明务工记”板块，以第一人称的方式，并结合漫画的形式，还原职工日常工作中遇到的一些情况，进行法律解读。

龚小慧接着介绍道：“国家人社部有专业的就业援助系统，社会上的各种招聘网站就更多了，你可以自行百度一下。不过，这里我要说的是全国工会的一项品牌活动，叫‘全国工会就业创业援助月’，它是全国总工会为落实国家更加积极的就业政策而组织开展的，线上线下都有相应的项目。全总建设了网上职工就业服务系统，在手机 App 中开通工会就业服务栏目，实现就业信息发布管理、就业形势研判、政策法规宣传查询、工会就业服务经验交流等功能，配合‘全国工会就业创业援助月’活动等工会促进就业品牌工作。这是全总权益部的就业服务网络平台‘日日挑’。”

龚小慧详细介绍了这项品牌活动。这项活动自 2011 年以来，已经连续开展了 6 年，活动期间，各地工会通过线上线下结合的方式，在困难职工帮扶中心或工会举办的招聘活动现场发布用工信息，重点服务农民工、困难职工家庭高校毕业生及其他各类求职人员。充分发挥工会职业培训机构作用，广泛开展“订单式”“定向式”培训；开展工会小额贷款、创业培训，积极参与打造创业就业示范基地、创业园区；选择一批投资小、见效快、易操作、低风险的投资项目进行实地展示，供创业者选择洽谈，满足有创业意愿的劳动者和返乡农民工的创业需求。

各地工会还积极开展区域间工会劳务协作，引导协调劳务输入地与输出地的工会组织合作开展劳务对接活动，建立就业服务和维权协作长效机制，为广大求职者“送岗位，送技能，送创业项目，送维权服务”。活动开展以来，累计组织专场招聘会 5.4 万场次，成功介绍就业 980 余万人次，组织职业技能培训 445 万人次，提供小额贷款 42.5 亿元，为实现劳动者充分稳定就业，促进经济社会发展做出了积极贡献。

“劳动保护也是职工的合法权益之一，有很多工会都开设了专栏。”龚小慧又开始滔滔不绝地介绍道：“‘江苏职工之家’网上就设有‘安康课堂’。同名的‘江苏职工之家’微信号也专门设置了‘劳动保护’板块，其中的‘隐患随手拍’栏目，可以让职工随时举报安全生产隐患。展示了江苏省‘安全隐患随手拍’活动的优

秀案例，并组织在微信上进行评比。'佛山工会'微信号设置了'安全随手拍'栏目，结合线下手机微摄影大赛的形式，鼓励职工群众充分发挥群众性安全监督的作用。"

龚小慧眉飞色舞地讲了一大段后，问龚晓农："怎么样？这么多线上线下的措施和载体，相信总有一款能够帮到你吧。"

龚晓农指指面前的咖啡，说："你也休息会儿吧，咖啡都凉了！"

龚小慧笑了笑说："说起为职工服务的事，好像就有说不完的话题。"

龚晓农说："要是你在说别的事的时候，也肯和我说这么多话，那就太好了。"

龚小慧说："那可不一定，得我们有共同的话题才行。"

龚晓农说："回去以后，我就把这些App全部下载到手机里，把这些微信号统统加关注！"

小知识 工会法律援助

法律援助，是由政府设立的法律援助机构组织法律援助人员，为经济困难或特殊案件的当事人免收费用或由当事人分担办案费用提供法律援助服务的法律保障制度。工会法律援助是政府法律援助的必要补充。工会建立法律援助制度，为合法权益受到侵害的职工、工会工作者和工会组织提供无偿法律服务。

职工符合下列条件之一的，可以向工会法律援助机构申请委托代理法律援助：一是为保障自身合法权益需要工会法律援助，且本人及家庭经济状况符合当地工会提供法律援助的经济困难标准。二是未达到工会提供法律援助的经济困难标准，但有证据证明本人合法权益被严重侵害，需要工会提供法律援助的。农民工因请求支付劳动报酬或者工伤赔偿申请法律援助的，不受上述规定的经济困难条件的限制。工会法律援助机构自收到申请之日起 7 日内按规定的条件进行审查。

《全国总工会网上工作行动计划》提出，开展工会法治宣传网上行动。充分利用网络新媒体加强工会普法宣传，进一步扩展普法网站和普法微信公众号功能，采用有奖竞答、普法动漫、在线咨询、以案释法等多种形式增强广大职工学法用法积极性，吸引更多的职工群众参与到工会法治宣传教育活动中来。

尊法守法·携手筑梦——服务农民工法治宣传行动

为认真贯彻落实《国务院关于进一步做好为农民工服务工作的意见》《中央宣传部、司法部关于在公民中开展法治宣传教育的第七个五年规划（2016—2020年）》，进一步做好农民工法治宣传教育工作，全国总工会联合教育部开展“尊法守法·携手筑梦——服务农民工法治宣传行动”。2017年，该行动将组织全国100所高校，每所高校组织5个服务分队，每个分队由3名法律及相关专业师生和1名工会干部组成，到农民工集中的乡镇、街道、社区及工地讲解法律政策、开展法律跟踪服务；通过工会和教育系统的网站、微博、微信公众号等媒体平台，宣传与农民工权益特别是劳动保障权益有关的法律、法规及政策，拍摄制作记录尊法、学法、守法、用法的农民工微视频、微电影；根据各地和高校实际情况，组织师生志愿者对农民工开展岗位技能提升培训、职业指导服务，提供政策咨询、心理健康辅导。组织有文艺专长的志愿者和大学生艺术团等文艺团体开展文艺演出。进一步利用工会户外劳动者服务站点以及官方网站、微博、微信、移动客户端等网络平台，开展对农民工的法治宣传教育等多种形式的服务活动。

尊法守法·携手筑梦——服务农民工公益法律服务行动

2017年起，全国总工会联合司法部、全国律师协会开展“尊法守法·携手筑梦——服务农民工公益法律服务行动”。

2017年，该行动拟组织全国100家律师协会，3000名劳动法专业律师，为300万农民工提供各种形式的公益法律服务。其中，集中公益法律服务活动直接服务的农民工不少于40万人。该行动将指派律师志愿者深入农民工人数多的企业，通过担任企业工会的法律顾问、建立农民工公益法律服务联系点等多种形式，协助企业工会开展法律服务活动，为农民工提供法律帮助，维护农民工合法权益。选择农民工集中的乡镇、街道、社区及工地，组织律师志愿者深入职工，提供法律咨询服务，代理农民工涉法涉诉案件，调解农民工劳动争议，特别是在岁末年初拖欠农民工工资等侵害农民工权益问题突出的时间段重点开展相关活动。行动将充分运用工会网站、手机App、微信等互联网技术平台，面向企业工会和农民工推出“互联网+”工会法律服务多项举措，更好地提供线上线下法律服务，切实提高工会法律服务对一线农民工的覆盖率和精准度。

中国工会送温暖

中国工会开展困难职工帮扶工作由来已久。1992年，工会发起“送温暖工程”，2002年以后，随着各地帮扶中心的建立，工会开展困难职工帮扶工作进入新的阶段。多年来，工会在维护职工合法权益、保障困难职工生活方面做了大量工作，在推动完善社会保障制度、参与构建社会公共服务体系、促进社会和谐等方面发挥了重要作用，取得了显著成效，受到广大职工群众，尤其是困难职工群体的赞誉和社会各界的广泛关注。

迄今为止，全国工会困难职工帮扶工作管理系统已覆盖全国6000多个帮扶中心，向下延伸到各地的乡镇街道工会。目前，软件最高日访问量近10万次，维护管理着数以千万计的困难职工家庭档案信息，为全国各级工会执行精准帮扶工作提供了第一手资料。

职工权益维护永远在路上

不久前，全国总工会下发了《关于进一步做好困难职工解困脱困工作的实施意见》(以下简称《意见》)，要求既帮助困难职工解决眼前困难，做到无基本生活之忧，又帮助困难职工脱困，走上致富之路，确保到2020年同步迈入小康社会。

《意见》要求实现户策对接，建档立卡，做到一户一档案、一户一计划、一户一措施。《意见》明确要采取“四个一批”措施开展分类帮扶：针对有劳动能力的困难职工，通过加强技能培训、提供创业援助等方式，以就业创业解困脱困一批；针对因企业欠缴社会保险费，或没有落实相关社保待遇的困难职工，将其纳入国家社会保险制度覆盖一批；针对因病致困的职工，推动将其纳入大病保险和医疗互助保险保障一批；针对符合低保条件的困难职工，通过社会救助兜底一批。

目前，全国已有280万个基层工会组织、20多万个工会帮扶中心和站点。以此为依托，《意见》要求建立以困难职工需求为导向，“线上”“线下”相统一、互为补充的服务职工工作体系。既拓展基层工会组织和帮扶中心、站点的服务功能，推动政策帮扶、制度保障，同时探索建设“互联网 +”服务职工平台，为困难职工提供普惠性服务。

小知识 全国建筑工人实名制管理平台

2017 年 5 月，住房和城乡建设部“全国建筑工人实名制管理平台”正式上线。这个平台的特点是“干活有数据，讨薪有实据”。平台可以实时记录工人进出工地、考勤、工资支付等信息，发生劳资纠纷时，这些信息可作为真凭实据；借助于实名制管理平台，建立工资专户，实行银行代发工资制，防止发生欠薪，还能显示工人技能水平等信息，相当于为其制作电子简历，有助于流动频繁的工人找到合适的工作。

以前建筑工人的工作量和考勤常常是由劳务企业人员或者包工头记录，到了最后结算时容易扯皮。这个平台以实名制一卡通为核心，涵盖承包企业、作业企业、监管机构、建筑工人四个层面。工人注册实名制管理平台以后得到一张出入证，相当于有了第二张“身份证”。工人进出工地都需要刷出入卡，刷卡之后，在平台上会实时显示；平台还开发了施工现场端，劳务企业人员或包工头可以在工地现场记录，防止产生纠纷。工人也可以下载手机 App，随时查看自己的工作量、工资等信息。这个出入证，既可以当作门禁卡，也能当作消费卡，可以吃饭、洗澡、看电影。

据分析，以前农民工被欠薪的原因，不外乎"包工头跑路""甲方拖欠总包工程款""分包搞亏了"，等等。实名制之后，项目部设立工资专用账户，实行银行代发工资制，工资直接由总包打给银行，银行根据分包提供的明细直接将钱转到农民工个人账户，从源头上避免了农民工工资被拖欠。

第四章

提升技能：做个“有本事”的人

龚晓农再一次找到了工会，这回，他想学点文化、学点技术，提高自己的技能。

前面曾经提到过，龚晓农在乘船过长江三峡的时候，面对壮丽的景色，觉得自己脑袋里词不够用，最近他还受了一次刺激，更加觉得学技术、学文化是个大事。

顺便说一句，龚晓农又换了个工作，如今他在河北邯钢公司当了一名劳务派遣工。当然，不用说你也知道，龚小慧也到了这个城市。

龚晓农来到工会办公室，龚小慧热情接待了他，当龚晓农提出“学技术、学文化”的想法时，龚小慧显得有些意外，对他开玩笑说：“以前多少次劝你学习，你都说不如上网打游戏，现在怎么变得这么爱学习了？这可真是天文学上的一大奇迹，今天太阳从西边出来了？”

龚晓农沉着脸嘟囔道：“受刺激了呗。”

龚小慧仍然不依不饶地开玩笑道：“有什么不开心的事，说出来让大家开心一下。”

龚晓农说：“也没别的，就是前一段求职的时候，一个月内被拒了两次。你说，以我这年龄、我这力气，还有我这体格、颜值，到哪里不是受人欢迎的打工仔啊！而且你也知道，这几年劳动力紧缺，一直是我挑工厂、挑工作、挑城市，干够了或不顺心就走，你想想这些年追着你跑了多少个地方……”

龚小慧说：“得了吧，只说过五关不提走麦城，你忘了在上海被欠薪下岗那事了？”

龚晓农不好意思地说：“这不才那么一次嘛，再说，咱工会也帮我解决了问题。”

龚小慧说：“那你说，现在又遇到什么问题了？”

龚晓农说：“现在你到邯郸，我就像你们说的邯郸学步那样追过来，却发现工作不好找了。前些天去一家电子科技厂，管招工的那家伙看完我的学历居然直接把我拒了，说他们要什么高技能人才，凭什么试工都不试一下，就认定我是低技能？”

龚小慧说：“人家说得也是实情，现在高技能人才走到哪里都吃香，你看这几天的电视里，全国总工会正在宣传‘大国工匠’呢，那些大工匠，每个人都有拿得出手、镇得住人的绝活，你要是掌握一门出色的手艺，哪个企业都会抢你，人行千里，艺不压身嘛！”

龚晓农说：“那家电子科技厂看似高大上，其实也是给人代工做配件的，算什么高技术企业！更可气的是，另一家机械厂也不要我，真是邪门儿了，招工的那人竟然说我星座、属相和他们不和，而且看完我的工作经历之后，说我工作过的前几家厂子全倒闭了，更加不能要我，怕我把他们厂也搞垮，你说我有那么大本事吗？”

龚小慧听了以后说：“他们这种做法显然是不对的，这是严重的就业歧视，工会应该为你维权。”

龚晓农说：“别维了，这样的厂子，让我去我还不去呢。我主要想说的也不是这个，他们不要我，却竟然招了排在我后边的那个技校毕业开挖掘机的！更可气的是，那小子过去和我在同一个厂干过，干活比我差远了，挣的也不如我多，现在上了个技校，就牛哄哄地跑我前面去了。”

龚小慧问：“那现在你的工作有着落了吗？要不要工会帮你介绍？这也是我们工会维权的一部分。”

龚晓农说：“还好，找到了。刚好赶上邯钢公司招劳务派遣工，我就到这里打工了。要不然，我在这个城市都找不到活干！唉，现在听说钢铁行业都在搞什么‘去产能’，能找个饭碗就不错了……”

龚小慧说：“这就更说明了学技术的重要性啊！”

龚晓农说：“上次工会帮我讨薪的时候，我也在想，我们这些农民工，为什么容易被老板炒掉、欠薪，有时候还要被打骂、受气？一方面是有些老板黑心，不是东西，但是另一方面，可能和我们没有技术，生存能力太弱也有一定的关系，像我这样没有一技之长的，走到哪里都只能干最低级的活，拿最低的工资。我要是有一手绝活，他敢炒掉我吗？且不说我要是有你这两下子，早就跑到工会上班去了，就说前些年我打工的单位，有个大哥是高压焊工，技术大拿，老板拿他当作宝贝供着，不仅不敢拖欠工资，还时不时请他喝酒，生怕他一跳槽，工地就得停工……”

龚小慧听完后，笑笑说：“在某种意义上，技能培训是对职工权益的最根本的保障，它的本质是把职工从弱势变成强势至少是平等。俗话说，艺不压身，就是这个道理。现在全国总工会正在大力开展网上工作，推出了工会网上工作行动计划，其中一项重要活动就是职工网上技能学习与岗位练兵活动。”

龚小慧告诉龚晓农，全国总工会建设了职工网上技能培训系统，开通网络远程培训，整合优化各地工会培训资源。组织技能大师、劳动模范录制专题培训课程视频，为会员提供方便、即时、灵活、高效的培训服务。职工网上技能培训系统还具有培训意向调查、课程发布、在线报名、互动交流、成绩测评、成果展示等功能。

介绍完后，龚小慧对他说：“只要你想学习，什么时候都不晚。”

龚晓农点了点头说：“道理是这个道理，但是我可没时间到技校学挖掘机去，工作不好找，我还想抓紧时间挣点钱呢……你们工会，不，咱们工会不是有办法吗？能不能给我找条路子，能够一边工作，一边学点技术？”

“路子有的是，你不是爱上网打游戏吗？现在就有一个办法，能够一边打游戏一边学技术，你学不学？”龚小慧问道。

“还有这么好的事？你不是骗我吧。”龚晓农半信半疑地说。

“你来看看这个。”龚小慧说着点开了一个网页。这个网页，正是邯钢公司的职工网上练兵系统。

龚小慧接着说道：“全总的网上练兵项目由中国机械冶金建材工会牵头、相关部门和产业工会参与共同实施。你进入这个网上练兵系统，就可以一边打游戏，一边练技能了。这是一个与闯关游戏类似的在线学习平台，你只要参加学习练兵，通过答题考试，就可以闯关升级，从最初的‘小学生’，一路升到‘博士后’……而且每通过一关，都有相应的奖励。”

龚晓农看了之后，面露羡慕之情，说：“这才是我想要的学习方式！过去工作过的企业也有搞技能练兵的，可很多都是发几本书，答几道题，做个样子走个过场，应付上面的检查，有的时候也搞过实践操作比赛，但是有些老板却把技能比赛搞成了无偿加班，实在是‘蓝瘦香菇’！现在看来，还是咱们公司好……”

龚小慧说：“现在搞网上练兵的已不止邯钢一家，在中国机械冶金建材工会的推动下，全国的钢铁企业都在开展职工网上练兵活动。你再来看看这一家，这是武钢的网上练兵系统，成绩栏里前三名都是‘博士’，最差的也‘大学二年级’了……”

龚晓农看过后跃跃欲试，龚小慧鼓励他：“不妨试一下，你不是总说自己水平高吗？现在就检验一下。”

龚晓农的好胜心被激起，他申请了一个账号注册之后，就进入了练兵平台。在闯关练兵模块里，涵盖的工种还真不少，有高炉炉前工、转炉炼钢工、轧钢工、电工、钳工、焊工、天车工等主要工种，还有安全、质量、工会等专业知识。

闯关规则分为“按部就班”“挑战自我”“胸有成竹”三种闯关模式，“按部就班”

适合初学者，不限制答题时间，答错题不扣分；“挑战自我”针对有一定基础的职工，对每一关的答题时间有限制；“胸有成竹”模式针对熟练职工，不仅限制答题时间，答错题还要倒扣分。龚晓农开始不知深浅，上来就选择了“胸有成竹”，结果不一会儿答错两道题，“损失”惨重，他只好重新选择“挑战自我”，即使这样，也紧张得出了一头汗。

闯关系统设置了21个虚拟等级，按照获取积分的多少从“学前班”到“博士”，还设置了企业排行、工种排行、个人排行等闯关英雄榜，可以随时查询。

应该说，龚晓农确实还是有一定基础的，时间不长，他在闯关系统中就“小学”毕业了。这一成绩增加了他的兴趣，他对龚小慧说：“这么下去，用不了太长时间，我就可以念完‘大学’，再用点劲儿还可以弄个‘博士’当当。我念书少，高中都没有好好念完，在这网上读个‘大学’，也算完成一桩心愿……”

“只要肯用心学习，在任何地方都能成才。你好好练，练好了还可以参加网上技能比武，获得名次就可以晋升技术等级，前三名单位还有奖励，第一名还可以获得五一劳动奖章呢！”龚小慧鼓励地说道。

“还有这好事啊，我一定好好练！”龚晓农兴奋地说道。

“我等着你的好消息！”龚小慧说道。

过了一段时间，“网上博士”龚晓农又一次见到了工会干部龚小慧。龚小慧对他说：“看不出来，你很用功啊。我在网上看到你的练兵成绩不断上升，现在都排进个人前五名了。”

龚晓农说：“最近不知道怎么了，我还真的喜欢上这种学习方式了。在网上学习不仅进步很快，我还给这个系统出过几道试题，对一些专业问题进行过在线答疑呢，这么下去，估计我很快能当个劳模了，你们工会办法就是多。”

龚小慧告诉他：“只要你想学，路子太多了，无锡市工会还有个职工在线教育平台‘搜搜课’。”

龚晓农当场拿出手机点击进入，随即告诉龚小慧：“这回你落后了，人家改名叫‘江苏工会学院’了。”

龚晓农面露得意，很为自己终于“先进”了一回而高兴。龚小慧说：“我早知道了，不过‘搜搜课’是最早的名字，说顺口了而已，你赶快进去看一看吧。”

点击进入“工会学院”，这里的课程还真是应有尽有，就像是进入了职工技能培训的“淘宝网”。在这个平台上，不仅包括了焊工培训、电工培训、计算机操作员培训等免费技能培训课程，还有公益巡讲、班组管理、精益生产，甚至包括心理咨询、医药养生——这一切，全部集中在一个名叫“淘课商城”的导航条之下。

龚小慧得意地说：“这是无锡工会给职工会员送上的‘大礼包’，类似这样的职工素质提升渠道，在全国各地到处都有，基本上全是咱们工会为职工开发出的项目，不仅有电脑版，还有更多的手机版。”说罢，又随手在手机上点开几个。“这个是河南工会的技能培训项目——”“这个是北京工会的职工技能助推计划——”……

龚晓农说：“看起来真像个技能超市，货品太丰富了！”

龚小慧告诉他，自己已经在这里学了好几门课程了。

龚晓农说：“我还以为自己最近在网上练兵练得不含糊，没想到你学得更多更快，看来我还要加把劲，再不努力就追不上了。”

龚小慧说：“只要你肯学习，学习的途径和方法有很多，现在全国总工会开展网上工作，各地推出了很多网络学习的平台和系统，比如，全国职工素质建设工程网。各地也有类似的网络平台，比如，山东工会的职工网上学习系统、秦皇岛市总工会的‘职工课堂’……”

“看这样子，以后无论到哪个城市，都可以找到自己的学习平台了。”龚晓农高兴地说道。

“只要愿意学习，总有一款适合你。”龚小慧说道。

小知识 网上练兵

近年来，全国总工会联合多部门开展农民工“求学圆梦行动”和提升职业技能的“春潮行动”，以及开展全国职工素质建设工程，帮助提升学历和技能水平。2016年度，参加全国基层以上工会组织技能比赛的农民工有684.5万人次。其中，通过技能比赛晋升技术等级的农民工有35.5万人次。越来越多的农民工通过技能培训和比赛，获得了技术等级的晋升。

网上练兵是《全国总工会网上工作行动计划》十大专项活动之一，全称是“职工网上技能学习与岗位练兵活动”。该活动与《“十三五”规划纲要》提出的实施“高技能人才培养计划”相衔接，以各全国产业工会为主导，以职工“自主学习、快乐学习、公平学习、竞技学习”为理念，利用数字化手段构建3D动画模拟工艺实操模块和信息化工具互联互通优势，使用分享经济和社会协同模式创设、挖掘、积累与整合全国各行各业的工艺技术场景和职业教育培训资源，开辟内容丰富、学习简便的网络培训课堂，提供专业齐全的工匠讲坛、实操案例、模拟实训等电子课程，以满足广大职工在线学习的需求，并开展线上线下相结合多工种专业技能大赛和深入持久的岗位练兵活动，形成集技能学习、岗位练兵和职业技能鉴定于一体的职业技能提升平台，扩大职业培训覆盖面，提升培训质量和效果，让广大职工获得更便利的职业发展机会，助推产业工人队伍素质建设改革，助推供给侧结构性改革。

案例

中国机械冶金建材工会网上练兵

为了更好地运用新媒体推动工会工作融入“互联网 +”时代，2016 年，中国机械冶金建材工会在全国钢铁行业推出了“职工网上练兵”活动。他们建设集知识性、趣味性、竞争性、实用性、便利性、广泛性于一体的新型服务职工平台，提升职工学习能力和技能水平，推动钢铁行业转型升级，打造一支有智慧、有技术、能发明、会创造的高素质技能人才队伍。

这一系统按照先易后难，实用管用的原则，设置有“闯关练兵”“网上比武”“试题征集”“创新展示”“技术答疑”5 个模块。

在“闯关练兵”模块中，模拟网络游戏规则，把网络闯关游戏应用到网上闯关学习中，设置不同的等级，采取趣味闯关的方式，吸引职工不断破解难题，晋升等级，积累知识，提高技能。

在“网上比武”模块，可以在线开展网上技能比武或技能竞赛活动，各单位可以通过这一模块组织比武竞赛。

在“试题征集”模块，动员职工将生产中所思、所学、所用的知识和经验以试题的形式展现出来，通过开展“我为练兵出道题”活动，丰富题库内容，提升试题质量，展示专业水平，激发答题兴趣。

在“创新展示”模块，可以交流展示各单位职工在技术创新方面的成果和经验。

在“技术答疑”模块，开设技术咨询专栏，选择部分示范性劳模创新工作室，对技术问题进行在线交流解答。

案例

江苏工会学院

2013 年 5 月，无锡市总工会创立“搜搜课”工会职工网络教育平台。不到两年的时间，该平台已经成为工会系统知名品牌；2014 年 12 月，“搜搜课”正式更名为“江苏工会学院”，升格为省级平台，成为“江苏职工之家”网站的重要组成部分。

“江苏工会学院”依托江苏“工会职工教育基地网”开展线上服务，主要产品有以下几种：

——数字化职工书屋。每年可提供 2000 多种报纸杂志和 5000 多本书籍，同时拥有 PC 客户端、苹果 iOS 客户端和安卓客户端。

——微工会平台。实现了手机平台的 OA（办公自动化）、打卡、投票、信息查询等功能，可以将企业工会工作、活动和管理职能在手机上迅速实现。

——工会App定制开发。可以根据工会需要，开发各类App，并可提供包括心理、人力等栏目的内容。

——企业网上大学建设。企业可以采用多种形式进行内部教学，并可管控职工学习流程，实现企业内部教育体系网络化。企业和企业之间可以进行课程互换，并允许进行有偿授课。

学院为各地工会和职工会员提供四大服务：

一是站点搭建服务。由专业的技术团队进行信息处理、维护管理，并提供专业的后台数据技术支持。

二是推广优化服务。提供专业全面、量身定制的推广方案和优化策略，实时监控并分析推广数据，及时调整优化，还能实现全方位的信息咨询和技术支持，助力打造本地区职工特色线上教育品牌。

三是网站内容建设服务。可以为“淘课商城”展示入驻机构课程体系，入驻培训机构可以发布自己的课程产品，供企业和网站用户在线登记购买。还可提供在线测评系统，包括专业的心理测评软件和人才测评系统。此外，还搭建工会在线学堂，分享各大知名培训机构、管理咨询机构、心理咨询机构与全国各大高校的企业培训类网络课程。

四是运营管理服务。“江苏工会学院”专业团队源于工会系统，全面了解工会和工会教育工作，可以协助、指导各地区分站点开展工会网络教育工作，同时可提供策划、方案、执行等全面的操作支持，可按照各地区分站点的实际情况进行网站的搭建、维护和管理工作。

目前，江苏工会学院平台加盟的社会培训机构已发展到300多家，注册参加培训的企业已超过4000多家，师资力量发展到1000多名，可以为企业提供500多种培训服务方案。平台同时涵盖各大知名培训机构、管理咨询机构、心理咨询机构及中国人民大学、江苏科技大学、江南大学等全国各大高校的企业培训类网络课程2000余门。

第五章

建功立业：做个“有地位”的人

“你说，我能不能当劳模？”龚晓农冷不丁地问龚小慧。

龚小慧听完吃了一惊：“你为什么这样想？”

龚晓农说：“当劳模有面子啊，你看上次帮我解决问题的朱雪芹就是劳模，还有咱们在上海经常听说的徐虎、李斌、包起帆，个个大名鼎鼎，报上有名，电视上有影，多光荣啊！”

龚小慧说：“如果你只是为了面子，那么我告诉你，肯定当不

上。”

龚晓农说：“他们能当，为什么我就不能当，他们当劳模之前，不都是普通工人吗？”

龚小慧说：“他们虽然是普通工人，却都做出了不普通的贡献，你做得到吗？”

龚晓农说：“有什么大不了的，他们不也都是做出来的吗？我早就说过，‘三分天注定，七分靠打拼，爱拼才会赢！’当不了大劳模，我先试着当个小劳模，当不了全国的，我争取先当个市里的、区里的。”

龚小慧说：“有志气！有梦想才有希望，说不定实现了呢。”

这里需要说明一下，这次，龚晓农与龚小慧双双回到了上海。龚晓农在中建公司下属的一家单位某项目部，建设一个服务“一带一路”的项目，还成了一名班组长。

龚小慧听了龚晓农的意愿后说：“好，看来你也知道，劳动竞赛产生劳动模范，想当劳模，就要做贡献，要做贡献就得先学技术、有绝活。”

“我当然懂。最近中央电视台播出的《大国工匠》太轰动了，那些工匠比明星还厉害！我之前不是参加过网上练兵吗，最近，还真琢磨出一些东西来，但是我也不知道水平怎么样，你能不能给我找个高手指点一下？”龚晓农问道。

“太方便了，远在天边，近在眼前！”龚小慧高兴地说道。

“你？”龚晓农诧异地问道。

“我说的是它！”说罢，龚小慧拿起手机递过来，说道：“这是咱们工作过的重庆工会的‘渝工娘家人’，上面有个劳模创新板块，那里面有技能大师，可以和你切磋技艺。你看，这么多劳模在这里‘坐堂问诊’，你有什么问题都能为你解决！”

龚晓农说：“我可不想再赶回重庆去请教，咱俩都从那个城市出来两年了。”

龚小慧笑道：“别忘了，现在是‘互联网+’时代，哪里用得着回去，在网上就可以请教。先来看看，这些‘劳模大夫’，都是哪个‘科室’的吧。”

龚小慧向龚晓农介绍，各地工会网上的服务内容很丰富。现在全国总工会为叫响做实“大国工匠”品牌，大力弘扬劳模精神、劳动精神和工匠精神，正在开展“大国工匠网上行”活动。全总还建立了“大国工匠”和劳模创新工作室网上展示系统，通过网上平台、“两微一端”，把“大国工匠”的先进事迹带到广大职工身边，把“大国工匠”的高超技艺传授给同业精英，把“大国工匠”的创新成果推广到更多的应用领域，推动“大国工匠”与职工网上交流互动，促进技能传承，动员广大职工投身评选、宣传“大国工匠”、争当“大国工匠”的活动中。

“你若是有兴趣，可以参加与‘大国工匠’的互动交流。如今，技能竞赛也可以上网了，全总建立了技能竞赛网上管理系统，对工会技能竞赛组织工作进行全过程网上管理。可以实现赛事发布、

参赛人员报名、赛事日程安排发布、组织网上技能竞赛和练兵活动、成绩查看等功能。

"另外，如同你刚在网上看到的，全总还建立了职工技术创新管理服务系统，可以实现创新资金申请、评审和批复，创新成果申报、评审和宣传展示，创新人才管理和服务等功能。对人才创新管理提供有力的支持，加大创新成果的宣传和转化力度，推动职工技术提高和企业科技进步。也就是说，你的创新成就，可以得到工会的表彰和奖励。

"还有'大国工匠'和劳模创新工作室管理系统，可以实现申报、推选、查询、展示等功能，对'大国工匠'技艺和劳模创新工作室成果进行网上展示，为促进技能交流和成果转化提供网络平台，满足职工技术创新诉求。"龚小慧详细地向龚晓农介绍道。

龚晓农说："内容这么丰富，我参加定了！"

龚晓农兴致勃勃地参加了单位的劳动竞赛。恰逢他所在的工作单位正在充分利用网络，采用"互联网+"手段，创新劳动竞

赛。为了全面完成施工任务，单位首次将“互联网 +”的概念与传统劳动竞赛相结合，在竞赛宣传、过程控制、工作推进方面都引入了移动互联网技术，充分借助微信、微博、QQ 群等网络公众平台推送竞赛信息，为营造“大干快上”的争先氛围造势。

通过“互联网 +”打造出的“指尖上的劳动竞赛”，与以往的劳动竞赛相比，体现了技术创新、协调推进的新理念，不再偏重于进度，而是涵盖了安全、质量、进度、成本各方面，将劳动竞赛有机地融入施工生产管理各个环节。

龚晓农投身其中，乐此不疲。每隔一段时间，他都要和工友们交流“这一次的明星员工是谁”“这一期的竞赛结果如何”之类的话题，他依然经常盯着手机，不同的是如今多了一项时尚内容，通过手机关注单位的微信公众号，参与明星员工网络点赞，为优秀员工投票，同时，自己也在加油努力。

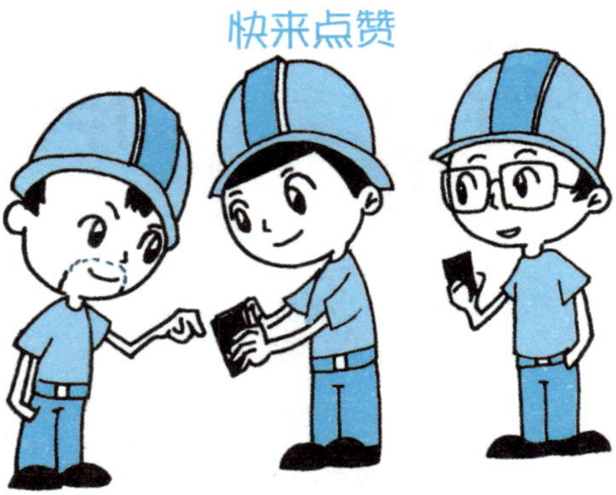

最终，工夫不负有心人，龚晓农在工作中总结出一套先进操作法，极大提高了工效，单位领导拍板推广，并用他的名字将其命名为“龚晓农操作法”。一时间，他在单位内外成了名人，在“明星员工”评选中榜上有名。

不久，首届“上海工匠”选树培育活动正式拉开帷幕。本届评选与以往不同的是，开通了个人自荐网络报名通道，全市职工热情高涨，踊跃参与，许多在工作中有绝招、有绝技、有绝活的小伙伴们通过登录“申工社”App，提交报名申请。龚晓农也通过这一渠道，成了一名“上海工匠”候选人。

报名通过之后，龚晓农根据要求，带齐证明自己能担当“工匠”的材料，前去参加面试，最终过关，成为一名“上海工匠”。

随后，在劳模评选中，龚晓农当上了一名农民工劳模。捧着大红的获奖证书时，他热泪盈眶。

龚晓农当上劳模之后，就进入了全国工会的劳模管理服务系统。这个系统可以实现劳模事迹宣传、劳模申报评选、劳模管理服务等功能，对劳模评选实现标准化管理，对劳模事迹进行多平台全方位宣传，为劳模评选和日常的劳模管理服务工作提供强有力的支撑和保障。

龚晓农前去向龚小慧报喜，看到龚小慧正在电脑上看漫画，龚晓农说：“啊，原来你们工会干部，也有上班时间娱乐的时候！”

龚小慧说：“你看清楚了，我看的这是劳模漫画。杭州工会搞的这种形式非常好，我们也准备参考一下，把今年评出的工匠宣传一下，到时候，可能会有你的名字哦！”

龚晓农仔细一看，电脑显示屏上是杭州工会的官方微博，里面确实是漫画，不过画的全是劳模事迹。

龚小慧告诉他，杭州市总工会在数千名劳模人选中，精心挑选了知名度高、行业代表性强、事迹感人的7位省级以上劳模作为原型，策划、制作了劳模事迹漫画。杭州工会微信、微博分别在“五一”前后每天推送一组劳模漫

画。漫画作品不仅得到了“浙江发布”，浙江省总工会微博、微信，“杭州发布”等政务平台的转发点赞，同时也得到了“浙江在线”、杭州交通电台等杭州微信大V的转发，获得了20万人次的阅读量和近2000个点赞数。

龚小慧向龚晓农介绍了画漫画、拍摄微视频、制作表情包宣传劳模的好处。

一是立意新颖，富有现代感。多年来，工会组织的劳模宣传报道多为“高大全”“老黄牛”这类传统型的人物事迹宣传，不符合当下“80后”“90后”年轻人的阅读习惯与心理，抓不住年轻人的目光。结合劳模事迹，制作深受年轻人欢迎的漫画，拍摄微视频、制作表情包，利用微信、微博等新媒体手段传播快、受众广等特点，可以实现对劳模有效并且优质的宣传，使之真正走近读者、感动读者。劳模漫画没有长篇累牍的事迹，将宣传的重点更多地放在对劳模人物挖掘上，关注劳模的情感世界，与普通读者形成共鸣，从而使劳模精神对读者的个人生活产生积极的影响。

二是平等视角，展现新思维。当下网络文化盛行的自媒体时代，微信、微博等新兴媒体广受欢迎，除了拥有丰富的信息资源和多样的信息表现形式，关键是自媒体具有平等视角。杭州工会在包括劳模宣传在内的各项宣传工作都采用了第二人称方式，平等视角，将劳模事迹用身边人、身边事的形式，直接呈现在职工眼前，用柔软的力量将劳模精神逐渐融入职工的日常工作和生活中，让职工悄无声息地感受劳模的魅力。

龚小慧继续介绍说，现在类似的宣传方式还有很多，例如，上海汽车集团工会就用微信手段，传递劳模力量。“上汽职工之家”微信围绕上汽集团 2015 年新当选的 28 个国家级 / 省级劳模个人、10 个上海市模范集体，以及 13 位历届在职劳模代表，于 2015 年 4 月底至 7 月初，陆续开展了以“劳模的力量”为主题的系列宣传活动。

“劳模的力量”系列宣传活动借助微信这一平台，立足工会“姓工”的特性，挖掘员工爱看、想看的内容；推出员工喜爱、欢迎的形式；满足员工多元、个性的需求，拉近与广大员工的距离，取得了理想的宣传效果。

在整个宣传周期内，“上汽职工之家”发布的劳模相关微信主

题文章86篇，共计获得超过22万人次的阅读量。其中，劳模事迹视频演讲赛更是得到了广大员工积极参与，人气综合排名第一的劳模事迹视频获得员工总投票数10500票，总送花数10611次；评论数排名第一的劳模视频获得总评论数1510人次。

介绍完这些，龚小慧看龚晓农还意犹未尽，便说："现在全国总工会大力开展网上工作，着力创新职工建功立业的载体和平台，为职工建功立业搭建了广阔的舞台。近年来，各级工会特别注重改善劳动模范评选宣传和管理服务，注重通过劳动竞赛发现、培养、评选和使用劳模，提高一线职工和工程技术人员在劳模中的比例，让普通职工参与劳模评选过程，推动社会参与劳模评选。通过劳动竞赛，打造了'大国工匠''工人先锋号'等一批有影响的载体和品牌。现在通过开展网上工作要把这些品牌做强，使其形成机制、坚持标准、更加规范，吸引更多职工参加，扩大社会影响，发挥更大作用。

"如同你所看到的，为了推动建设一支知识型、技术型、创新型高素质劳动者大军，为实现'十三五'规划提供坚实的智力支持和人才保障，各地工会特别注重职工职业技能培训，他们整合职工教育和技能培训资源，加强技术工人培训工作，建立全总金蓝领职工技能培训示范点，深入开展职工技术创新活动，促进完善技术工人的培养、使用、培训、激励机制，拓宽技术工人职业发展渠道。"

龚小慧搜出手机上的一条新闻给龚晓农看："你知道吗？不久

前的第五届全国职工职业技能大赛上，5 个比赛工种中，有 4 个工种属于‘互联网 +’范畴，共辐射带动了 1500 多万名职工参加技能比赛。其中还有动画绘制员比赛项目呢，获奖的选手小王曾经和咱们在一个企业打过工，也是个电脑爱好者。”

龚晓农看了一眼照片说：“想起来了，是他！在打工时就喜欢写写画画，没想到还真的出息了！”

龚小慧看着龚晓农羡慕的表情，便继续向他介绍目前全国总工会的一些措施。

2016 年，全国总工会制定了《中华全国总工会 2016—2020 年劳动和技能竞赛规划》，提出的目标任务是，2016 年至 2020 年，全国职工合理化建议数量达到 6000 万件，实施率 60% 以上；到 2020 年末，开展岗位练兵活动的企业达到 50 万个，参加技能竞赛的职工平均每年达到 2300 万人次，每年帮助 100 万职工晋升技术等级……

为了叫响做实“大国工匠”品牌，大力弘扬“工匠精神”，全总与国家网信办联合开展“中国梦·大国工匠篇”主题宣传活动，与中央主要新闻媒体和各大网站共同策划推出《大国工匠》纪录片、“大国工匠”专栏互动窗口等，开展推荐学习“身边的大国工匠”活动，推动更多工匠人才不断涌现。

“大国工匠”的品牌效应也辐射到全国，各地工会着力挖掘选树工匠典型，在广大职工中大力弘扬劳模精神、劳动精神和工匠精神。如上海市总工会选树命名的“上海工匠”；黑龙江省总工会选树了“龙江工匠”；江苏省总工会开展的“弘扬工匠精神，点赞时代劳模”活动，50多万人次参与点赞；福建省总工会以“匠心归来”为主题，举办大国工匠论坛，进一步激发职工群众干事创业的正能量。

龚小慧说：“只要你肯学习，勤钻研，练技术，普通工人也会有出头之日。也许有朝一日，你还可以到人民大会堂去领奖呢！”

龚晓农说：“咱一个农民工，真的能到那么高大上的场合见到那些电视上才能见到的领导吗？”

龚小慧说：“怎么不能？岂止是见到，咱农民工走上领导岗位也是有可能的。前些日子，全国总工会选出一位兼职副主席巨晓林，他就是建筑工地上走出的农民工。还有4名农民工被增补为全总执委；驻会全国产业工会全委会也在提高劳模和一线职工比例时增加了农民工委员。全总在全国五一劳动奖章评选中向一线农民工倾斜，2016年有97名农民工获得全国五一劳动奖章，占到获奖总人数的 10.79%。”

龚晓农说：“如果真有那么一天，我是不是就成了你的领导了？”

龚小慧说：“理论上是这样的。”

龚晓农说：“那时，我就会打电话给你——龚小慧同志，上我办公室来一趟！”

龚小慧问：“干什么？”

龚晓农想起了他入会之初的那一幕，坏笑着说：“把我的工资，全部打到你卡上！”

案例

大国工匠网上行

"大国工匠"是立足本职岗位，勤奋学习、刻苦钻研，追求卓越、技艺超群，淡泊名利、甘于奉献，为国家建设和发展做出重要贡献的优秀技术工人。2016年3月5日的"两会"上，国务院总理李克强在政府工作报告中提到，"鼓励企业开展个性化定制、柔性化生产，培育精益求精的工匠精神，增品种、提品质、创品牌"。"工匠精神"首次出现在政府工作报告中，得到了党和国家的高度重视。

2016年，全总在全国开展"身边的大国工匠"推荐学习活动，进一步弘扬劳模精神、劳动精神和工匠精神，在全社会营造"工人伟大、劳动光荣"的时代新风。各级工会通过互联网等多种形式，深入开展"践行新理念、建功'十三五'"劳动和技能竞赛，广泛进行职工技能培训、岗位练兵、网上练兵活动，发挥劳模创新工作室、"首席技师""首席员工"示范作用，设立职工创新补助资金，搭建职工技术创新成果展示平台。全总推荐的江苏省电力试验研究院有限公司高级技师朱洪斌获得国家科学技术进步奖二等奖。

为叫响做实"大国工匠"品牌，《全国总工会网上工作行动计划》提出在全国工会范围内开展"大国工匠"网上行活动。通过建立"大国工匠"和劳模创新工作室网上展示系统，通过网上平台、"两微一端"把"大国工匠"的先进事迹带到广大职工身边，把"大国工匠"的高超技艺传授给同业精英，把"大国工匠"的创新成果推广到更多的应用领域，推动"大国工匠"与职工网上交流互动，促进技能传承，动员广大职工投身评选宣传"大国工匠"、争当"大国工匠"活动。

案例

职工素质建设工程

当前，全国工会正在大力实施全国职工素质建设工程，深入研究经济发展新常态对职工素质提出的新要求，充分发挥工会"大学校"作用，培育职业精神，提升技能素质。强化职工教育培训阵地建设，发挥工会院校和实训基地作用，充分利用互联网等手段，加快完善职工教育培训体系。加强技能培训和下岗失业人员技能再培训，引导广大职工群众树立终身学习理念。加大人力资本投入，提升新生代农民工职业技能，更好适应创新带来的市场变化和创业就业条件变化。广泛开展岗位练兵、技能比赛，精心选树"金牌工人"，培育更多"大国工匠"，努力建设知识型、技术型、创新型的劳动大军。

改革试点以来，全总多措并举，着力提升职工综合素质：

——发挥工会"大学校"作用，落实职工素质建设工程五年规划，深化职工书屋建设工作，推动职工读书活动进基层、到班组。目前，全国已建成职工书屋逾10万家。

——建立全总金蓝领职工技能培训示范点，依托工会院校、职工技能实训基地和多媒体手段，加强校企结合、工学结合，加强技能培训和下岗失业人员技能再培训，构建职工教育培训立体化网络。

——深化职工职业技能大赛，拓宽技术工人职业发展渠道，推动企业建立技术工人培养、考核、使用、激励机制。

以改革创新为契机，各地工会也广泛开展多种形式的职工技能培训、岗位练兵、技术创新活动，发挥劳模创新工作室、“首席技师”“首席员工”的示范作用，激发广大职工学习新知识、掌握新技能、增长新本领的积极性和自觉性，为全面建成小康社会广泛凝聚正能量。

★福建省总工会将多个工作项目统一整合成“职工素质建设工程”和“职工温暖工程”两大品牌。职工素质建设工程包括职工技能竞赛、百万职工“五小”创新大赛、职工技能培训、“名师带高徒”活动、职工技能晋级奖励制度五项；职工温暖工程包括医疗互助、劳模服务、困难帮扶、“四送温暖”、法律援助、一线工人疗休养、职工文化、女职工关爱、扶贫开发县工会建设九项，以做大、做强工会品牌增强工会影响力。

★吉林省总工会开展“吉林职工‘双创’扶持计划”，通过开展职工职业技能培训和技能比赛、实施资金扶持和项目扶持、培育职工“双创”孵化器、营造良好的社会舆论氛围、选树表彰创业创新先进人物等措施，引导全省广大职工自觉融入

“大众创业、万众创新”的时代洪流。

★甘肃省总工会提出并在全省实施了“技能提升”“职工创新”“创新型班组”“劳模创新”“陇原工匠”“劳动竞赛”6大行动，旨在提升全省各行业职工的技能素质和创新能力，让每一位想创新、能创新的职工群众都有施展才能的机会和平台，从而形成全社会的创新合力。

★天津市总工会深入实施职工素质建设工程，加快建设职工职业技能实训基地和津工“众创空间”，构建职工教育、培训、创业立体化网络。

案例

用“互联网+”打造指尖上的劳动竞赛

湖北武汉天河机场T3航站楼项目现场，通过手机关注项目微信公众号，参与明星员工网络点赞，为优秀员工投票，成为劳动竞赛项目的时尚内容之一。

2016年，中建三局天河机场T3航站楼项目进入主体施工收官年。为全面完成施工任务，确保天河机场三期项目施工任务圆满完成，项目部创新工作方法、探索新技术、提高劳动生产率，掀起了一场由10多个劳务队伍、4个专业施工单位、近万余人同步参与的劳动竞赛热潮。其中，项目部首次将“互联网+”的概念与传统劳动竞赛相结合，在竞赛宣传、过程控制、工作推进方面都引入了互联网技术，充分借助微信、微博、QQ群等网络公众平台推送竞赛信息，为营造“大干快上”的争先氛围造势，打造了指尖上的劳动竞赛。

劳动竞赛开展过程中，项目实行“微通报”制度，每天进行“微晨报”直播现场施工动态。万中劳务队的老吴说：“项目经理、工区长、班组长都在一个微信群里，大家每天看群信息通报就可以看到各区的形象进度情况，我自己可以直接向领导汇报，不用专门开碰头会，节约了时间和精力。”

项目经理刘军安表示：“手机微信群实现了每个工区之间在劳动力状况、工作推进情况等方面的立体式信息共享，极大地降低了沟通成本，也便于各个工区、劳务队伍之间互相对标，营造‘比拼超’氛围，达到了施工生产动态化管理、劳动竞赛过程管控的目的。”

为了营造创先争优氛围，扩大劳动竞赛的参与度，项目部结合新媒体途径，还设立了“掌上明星”网络评选栏目。职工通过关注项目微信公众号，参与明星员工网络点赞活动，为优秀员工投票。网络投票结果将纳入“掌上明星”评比总成绩，同时借助微信平台还设立了典型人物宣传板块，定期开展典型人物、典型事迹宣传教育活动。

案例

“上汽职工之家”劳模宣传

“上汽职工之家”微信平台以“聚焦劳模、传递精神、感召学习、争当先进”为宣传内容主线，开展了一波波针对性强、内容丰富、形式多样、反响强烈的微信活动。具体做法主要有三方面。

一是内容上对象明确，主题鲜明。公司工会请各企业推荐了 13 位历届在职的、有代表性的劳模作为代表，将他们的先进事迹、获奖情况等进行了展示，激发了广大员工对上汽集团的自豪感和凝聚力。

二是形式上新颖别致，丰富多样。工会充分利用“劳模事迹视频演讲赛”、H5 动态交互投票活动、创意漫画等形式生动展现了“模范集体”的风采，吸引了广大员工积极关注、参与。

三是策划上结合节日，引发关注。在母亲节推出“我的妈妈是劳模”主题宣传，以孩子的口吻表达对两位女劳模的敬意和节日祝福，展现上汽集团两位女劳模兼顾事业和家庭，让广大员工看到了劳模不为人知的温馨一面。在父亲节推出“给爸爸的一封信”主题宣传，通过视频的方式，展示上汽劳模写给老父亲的信或劳模子女写给劳模的信，并配以劳模和子女或父亲的合照，展示了男劳模们在工作中的奋斗精神，也表达出男劳模作为父亲、儿子的责任与担当。同时，他们还在微信上推出"我给劳模捎句话"等传话形式，将大家的留言和祝福形成创意照片、精彩视频剪辑，在"上汽职工之家"平台进行传播，这一新颖的形式得到了广大员工的交口称赞。

第六章

文体活动：做个“有面子”的人

“小慧，好久不见，最近在干什么？”

“重走长征路。”

“什么？长征？你？到底几个意思？”

“我要去延安！”

龚小慧的回答把龚晓农吓了一跳。他连忙对龚小慧说：“你是

不是疯了？刚到这里没几天，又想着去延安，我追你到这里，刚安定下来，又要去延安找工作不成？"

龚小慧笑着说："这是我们利用'健步 121'软件在工会群里开展的健步走活动，名字就叫'网上长征'。我们组了一个队，利用微信计步，目标是总计走 2.5 万里，刚好是从井冈山到延安虚拟地图的路程。之前我们已经开展了'一带一路全走遍'活动，职工用'一带一路'虚拟地图携带手机进行锻炼，参赛者每到达一个地标，系统就会推送该地理位置发生的重大历史事件，职工在健身的同时还了解了历史和人文知识。"

龚晓农长出了一口气说："原来如此。"

龚小慧反过来问他："你在单位没有参加什么网上文体活动吗？"

龚晓农说：“有啊，我当然参加了，还是运动高手呢！”

龚小慧问：“什么运动？我怎么没有听说，也看不出你哪一点像个高手。”

龚晓农说：“电子游戏。”

龚小慧说：“哈哈，你那叫玩，不叫运动。”

龚晓农说：“怎么不是运动，我们这叫电子竞技。说到这个啊，我觉得这不是你们工会的强项，别的活动工会可以在网上做得很好，但是文体活动这事，恐怕不那么容易搬到网上，这些活动都是在线下举行的，就拿你说的健步走来说，也得在路上一步步走出来吧。这么说来，也许只有电子游戏才是真正的网上文体活动。”

龚小慧说：“这你就放心吧，文体活动这事，还真是工会的传统优势所在。过去不是一直有人说咱们工会就是‘吹拉弹唱，打

球照相’吗？现在我们开展工会网上工作，就是把我们线下的工会搬到网上去。但绝不是简单的搬，也绝不是替代。在很多活动中，网络为我们提供了有效的手段和载体。就拿这次‘长征’来说吧，活动当然是在线下举行，但是可以通过网上组织啊！每个人走的步数虽然不多，但加起来就是‘长征’，这样也有趣味性和挑战意义。”

龚晓农说：“在我看来，要完成你这个‘长征’，根本没有必要费那么大力气。”

龚小慧说：“运动就是为了费力气的，不费力气，还运动什么？我每天为了完成规定步数，要运动一个多小时呢。”

龚晓农说：“你一天走的路，我半小时就能完成。”

龚小慧说：“吹牛，除非你会飞。你要是真能跑那么快的话，肯定不是冲锋的时候，而是逃跑的时候。”

龚晓农说：“什么冲锋逃跑的，我到外面去找一条狗，把计步器绑在狗身上，然后……”

龚小慧立马打断他说：“胡闹！这种主意，也只有狗能想得出来。”

龚晓农说：“你算说对了，我正是单身狗。说正经的，你们‘长征’的队伍里还缺人不？”

龚小慧说：“参加革命什么时候都不晚，革命队伍战士多多益善，欢迎你参加我们的队伍。”

龚晓农说：“长征路上的很多城市，我都去那里打过工，可以当你们的‘带路老乡’，你看行不行？”

龚小慧说：“就这么定了。欢迎你放下游戏，参加‘长征’。”

在漫漫的“长征路上”，龚小慧向龚晓农讲解了工会网上活动的相关情况。

“国务院关于印发《全民健身计划（2016—2020年）》提出，到2020年，群众体育健身意识普遍增强，参加体育锻炼的人数明显增加，每周参加1次及以上体育锻炼的人数达到7亿，经常参加体育锻炼的人数达到4.35亿，群众身体素质稳步增强。强调鼓励发展健身信息聚合、智能健身硬件、健身在线培训教育等全民健身新业态。充分利用‘互联网+’等技术开拓全民健身产品制造领域和消费市场，使体育消费在居民消费支出中所占比重不断提高。要求推动移动互联网、云计算、大数据、物联网等现代信息技术手段与全民健身相结合，建设全民健身管理资源库、服务资源库和公共服务信息平台，使全民健身服务更加便捷、高效、精准。

"各级工会也纷纷推出相应的健身运动计划。在'互联网+'时代，工会的文体活动找到了网络载体，可以说是如虎添翼。现在，很多活动项目都可以放在网上进行了，比如——"

"打网球？"还没等龚小慧讲完，龚晓农便抢着问。

"去你的。"龚小慧回答道。

"那么，你的意思是——"龚晓农问道。

"我的意思是，职工可以通过网络参加工会的文体活动，比如我们现在正在开展的这项活动，就是利用工会开发的'健步121'App。这里面除了计步之外，还有成绩排名、健康知识等栏目，有些软件还支持集体活动，极大

地增加了活动的趣味性。”龚小慧介绍道。

龚晓农说：“原来是这样啊。过去是线下唱唱跳跳，现在可以跳到网上去了。”

龚小慧说：“‘健步走’活动只是工会开展活动的一个事例，类似的活动还有很多，例如，‘职工驿站’App里面，专门有一个栏目‘文体舞台’。在这个‘舞台’上，有各种各样的活动。还有，在‘太仓职工微家园’里，也有文体活动板块。”

“你看，这是全国总工会机关的运动会，全总领导还亲自出席、亲自上场呢！”龚小慧在手机上打开一段视频给龚晓农边看边说，“近年来，各地工会依托网络载体，运用网络手段，开展各种职工文体活动，使工会文体活动的‘老传统’办出了‘新气象’。传统的文体活动，通过网络展现方式，也获得了更大的影响和更好的收效。例如，2016年北汽集团第四届职工运动会正式开幕前，北汽集团工会策划组织了‘目标双百强，线上徒步挑战赛’，以微信计步的形式，将全民健身的理念推广到广大职工中，在全集团内形成了‘快乐工作、健康生活’的职工体育文化氛围。”

龚小慧接着说："网上活动还有一个重要的方面，就是工会组织的各种活动，你都可以参加；工会的各种活动场所，例如电影院、运动场，凭工会会员服务卡都可以享受优惠。工会的传统文体阵地——文化宫，就推出了丰富多彩的活动项目和对会员职工的优惠措施。例如，北京市总工会推出的'首都职工免费游太庙'活动——对了，太庙的另一个名字是北京劳动人民文化宫，全市持'工会会员互助服务卡'的工会会员，都可以到售票处刷卡或通过'12351'App扫二维码的方式兑换门票（京卡兑换券）入园。而且，常年有效哦。"

龚晓农嘟囔道："说好的去延安，怎么这会儿绕到北京去了。"

龚小慧说："我们最终还不是从延安去了北京吗？"

龚晓农问："你们这么热火朝天地搞活动，不怕别人说你们娱

乐化？我可是听到过一些别的声音。”

龚小慧说：“工会的文体活动是为了促进职工身心健康。现在的职工除了忙工作，对于精神文化方面的需求也很高，只要我们坚持这样的出发点，就不会娱乐化。各地工会为了寓教于乐，弘扬正能量，也采取了不少措施。重庆市文化宫还成立了网络宣传员队伍。这支队伍及时宣传报道党的路线、方针、政策，宣传文化宫开展的各类职工群众文化、体育活动，展示文化宫职工积极向上的工作风貌，在网络平台上积极引导正确舆论导向，弘扬主旋律、传递正能量，收到了很好的效果。”

说话间，手机上“滴”的响了一声。龚晓农低头一看，“延安”到了。

看着屏幕上的宝塔山和“长征”路线图，龚小慧吟起了贺敬之的《回延安》：

“几回回梦里回延安，

双手搂定宝塔山。

……

革命的道路千万里，

天南海北想着你……”

案例

廊坊市总工会依托 App 举办职工书画大赛

廊坊市总工会依托"廊坊掌上工会"App 举办的首届全市职工书画大赛，使"互联网 + 工会文体活动"火了一把。

廊坊市总工会工作人员介绍说："此次比赛是市总工会依托'廊坊掌上工会'App 举办活动的初次尝试。市总工会下发《关于举办'中国梦·劳动美'首届全市职工书画大赛的通知》，专门附上了'廊坊掌上工会'App 的下载办法及二维码，要求全市各级工会此项工作负责人下载手机 App。"

此次活动得到了爱好书画的职工的积极参加，活动期间共收到职工书画作品 230 幅。征集到的优秀书画作品在"廊坊掌上工会"App"中国梦·劳动美"全市职工书画大赛作品展示专栏展出，供广大职工网上参与投票评选。

第七章

网聚职工：做个“有品位”的人

这天中午，龚晓农见到龚小慧的时候，看她头上戴着一个长方形的黑匣子，在一台电视机模样的东西面前，正在手舞足蹈，一会儿挥手、一会儿鼓掌，一会儿左转、一会儿右转，很是奇怪的样子。

龚晓农看了半晌，忍不住在那个黑匣子上敲了一记：“你这是

干什么呢，像我们村里神婆跳大神似的。”

龚小慧冷不防吃了一惊，摘下那个黑匣子，看到是龚晓农，说道：“原来是你，吓我一跳。”

龚晓农问：“你在干什么？这是个啥玩意儿？”

龚小慧把那个黑匣子递给他说：“这叫 VR 眼镜，用来表现虚拟现实的，我刚才正在参观中国工会网上虚拟博物馆，被你打搅了。”

龚晓农说：“看你既不近视，也不老花的，戴什么眼镜？”

龚小慧说：“你戴上试试。”

龚晓农把那个匣子套到头上，发现自己马上进入了一个见所未见的世界。

此刻，他正置身于人民大会堂之中，头顶上的灯光，就像满天

星斗，中心那盏红宝石般的五星灯，以及那些瑰丽的光芒线和镏金的向日葵花瓣，显得真实而切近。主席台上方悬挂着一条会标：中国工会第十六次代表大会。

主席台上，李克强总理正在给工会代表作经济形势报告。总理说：“有人认为中国能挺过金融危机，是因为中国工人勤劳、勤劳、勤劳，我说应该加上中国工人智慧、智慧、智慧！”

耳边顿时响起热烈的掌声。龚晓农也情不自禁地鼓起掌来，直到龚小慧在他头上敲了一记。

摘下那只 VR 眼镜，龚晓农意犹未尽地说：“总理说出了我们工人的心里话。”

龚小慧问：“感觉怎么样，是不是有点像梦游太虚幻境？”

龚晓农不知道什么是太虚幻境，只好老老实实地说：“我刚刚去了一趟人民大会堂，正在听李克强总理的报告，被你打断了。

你告诉我，这是什么神器？”

龚小慧说：“这叫虚拟现实技术，全国总工会利用这一技术，建起了中国工会网上工运历史虚拟博物馆。这个并不存在的博物馆，通过 VR（虚拟现实）手段等多媒体新技术，实现资料的管理、查询、展示等功能，多角度展现中国工运的历史和现状，特别是工会十六大以来的新成果、新成就，展示了中国工会形象。”

龚晓农说：“太神奇了，我都分不清楚哪是虚拟，哪是真实了，现在我面前的，是真的你吗？”说完伸手要往龚小慧脸上摸去。

龚小慧拦住他说：“龚晓农，你能不能有点品位？想不想做一个高尚的人，一个有品位的人？”

龚晓农说：“我觉得自己现在就很有品位，你有话直说，又想教育我什么吧！”

龚小慧说：“如果你积极参加我们工会的‘网聚职工正能量，争做中国好网民’活动，我看才真正有品位，才算得上一个高尚的人。”

龚晓农没有听明白：“什么活动？”

龚小慧二话不说，把那 VR 眼镜套在他头上，龚晓农面前闪现出一纸《通知》。

“你看，全国总工会制定了《中华全国总工会‘中国好网民’工程规划（2017—2020 年）》，对全国各级各类工会团结引导广大网上职工群体积极投身‘工程’活动做出全面部署，提出整体工作目标、制定打造‘网络好职工’标准、明确实现目标任务路径、确定具体步骤和阶段性进度安排、达到社会影响和成效。

“《通知》对各级工会开展‘争做好网民’工作提出具体要求。要求各级工会明确目标任务，开展主题活动。围绕网络职工需求，确定年度活动主题，在全国范围内推进。我们现在正在制定落实方案呢。”

龚晓农摘下 VR 眼镜说：“我还是不习惯这种方式，看不明白，你就直说，这活动有些啥内容吧。”

龚小慧告诉他说，全国总工会与中央网信办共同开展“网聚职工正能量，争做中国好网民”主题活动，大力培育“有高度的安全意识、有文明的网络素养、有守法的行为习惯、有必备的

防护技能”的中国好网民。依托工会新媒体矩阵，利用职工网上入会系统、教育培训系统、移动App管理平台、普惠服务相关系统提供技术和业务支撑，实现活动主题内容统一管理、活动结果统一记录，各工作模块无缝衔接。

“说到具体内容，那可太丰富了，挑几个重要的给你讲一讲。简单说来，一共四条：

“一是开展职工网络素养教育。开展线上线下多种形式的网络素养教育和培训，教育引导广大职工自觉学习网络知识、掌握网络技能、用好网络技术，争做中国好网民。

“二是开展《网络安全法》网上知识竞赛活动，发出网上‘职工好声音’。通过网上《网络安全法》和网络安全知识竞赛活动，提高广大职工网络素养，发出网上‘职工好声音’，坚决抵制网络低俗和犯罪行为，共建清朗网络空间。

“三是网上弘扬主旋律，积极开展正面舆论引导。利用微信公众号、微博、网站等载体，宣传党和国家的大政方针政策，积极宣传和践行社会主义核心价值观，弘扬中华民族传统文化，培育中国精神。

“四是举办网上技术创新演练活动。举办多行业、多工种的‘网上练兵’、网上劳动和技能竞赛活动，弘扬工匠精神，推进产业工人队伍建设。举办‘大国工匠工作法’网上演示与技术比武，助推产业工人队伍建设，大力弘扬劳模精神、劳动精神、工匠精神，宣传大国工匠，唱响主旋律、集聚正能量，营造‘工人伟大、劳动光荣’时代风尚。利用网络技术展现‘大国工匠工作法’，通过网上推广和培训，开展技术比武活动，推进产业工人队伍建设。在网上组织‘工匠精神’宣传展示、开展‘工匠精神’进企业、进班组网上展演活动，激励和引导广大职工践行新理念，培育更多的‘大国工匠’、技术能手。各地企业职工可以上网打擂，展示自己的绝活绝技。

“全总在2016年年底，举办了主题活动启动仪式，中央网信办领导和全总领导还专门出席讲话。”龚小慧向龚晓农做了认真的介绍。

龚小慧说：“我觉得，这活动中有一项你可以参加，就是网上技术创新演练活动，前一段时间你不是被评为咱们本地的‘大工匠’了吗？”

龚晓农说：“好啊，我已经开始有兴趣了。不止是这一项，其他的我都想参加，当个网上好人，谁不乐意啊！”

龚小慧说：“当好人，不吃亏。我们还要在网上组织‘工匠精神’宣传展示、开展‘工匠精神’进企业进班组网上展演活动。开展网上职工教育，宣传劳动模范先进事迹，创建一批网络文化精品，有效传递好网民理念，发扬积极向上的网上职工文化，发动职工拍摄身边的劳动模范、技术能手的技能创新、好故事、好人物、好事件等，引导职工学习和争当技术先进，动员广大职工积极投身全面建成小康社会的伟大实践。如果把你拍成电影，你就更出名了！”

"你说，咱们当地工会，应该怎么做？"龚晓农问道。

"你看，这是我们转发的通知——

"一是统一部署，整合资源，加强新媒体阵地建设。成立新媒体联盟微信群，加强各级工会之间的互动和联动，为开展网络宣传和工会服务工作打下了良好的基础。充分调动社会资源，借助社会各类新媒体、企业党委行政开办的官方媒体力量，形成网宣合力。

"二是加强职工政治思想引领，积极开展正面网络宣传。精心设计和认真组织开展各类主题宣传活动，通过吸引更多职工参与，推动中国梦和社会主义核心价值观在广大职工中深入人心。注重传统媒体与新媒体融合，通过重大、权威而接地气的正面宣传，引导职工群众树立正确思想观念，永远跟党走，实现中国梦。"

……

龚小慧还要往下说，被龚晓农打断了："别整那些一是二是三是的，我一时也记不住，你还是直接说说，有啥具体活动吧。"

"马上就说到实际活动了——我们将开展'画面故事'征集活动，以画面形式讲述近年来各条战线涌现出来的优秀职工的故事，通过手机照片、动漫、卡通等形式征集作品，并网上投票。我看，你和工会这些年来的事，就可以拍一部《我和工会，不得不说的故事》……”

“早说多好。是不是这样咱俩可以当男女主角，过一回明星瘾？”说完之后，龚晓农先自己笑了起来，“农民工还想当明星，这梦也做得太美了吧！”

龚小慧说：“你还别以为是在开玩笑，早有人把同样的内容做出来了。你看中建三局的新媒体，他们拍摄的职工主题微电影，影响大着呢。职工参与，是工会组织有存在感、职工会员有获得感的重要依托。我们还要举办‘网言网语’征集活动。收集网友创意解读网络安全、网络文明、网络诚信、网络防护等方面的标语、寓言、段子、警句、图文创意，展现全国工会网络文化建设的成效。你不是爱讲段子吗，不妨给咱贡献几条。”

龚晓农说：“这个好办。我马上给你编一条：做个好网民，三分天注定、七分靠打拼，爱拼才会赢！”

龚小慧说：“看来，你就只会说这一条。”

活动开展之后，龚晓农所在的公司举办了“微信随手拍”活动，运用新媒体平台开展互动活动，吸引职工参与。工会利用微信公众平台开展“随手拍”活动，鼓励员工发现身边的好人、好事、好景，传播正能量。利用微信公众平台展播优秀车间、优秀班组案例，开展改善之星、星级班组的投票活动，收到了很好的宣传效果。

没过多久，以龚晓农为题材的微视频《我与工会的故事》，还真的制作出来了。故事表现了我们前文所述的，他在加入工会、提升技能、建功立业、权益维护等方面的故事，颇有感染力。微视频在工会的网站和“两微一端”上线之后，很受欢迎，龚晓农在公交车上几次被认出来，周围的人都主动向他打招呼。这让他感觉很好，似乎过了几天“明星瘾”。

“龚明星，是我们工会捧红了你，现在请你参加工会的网络评

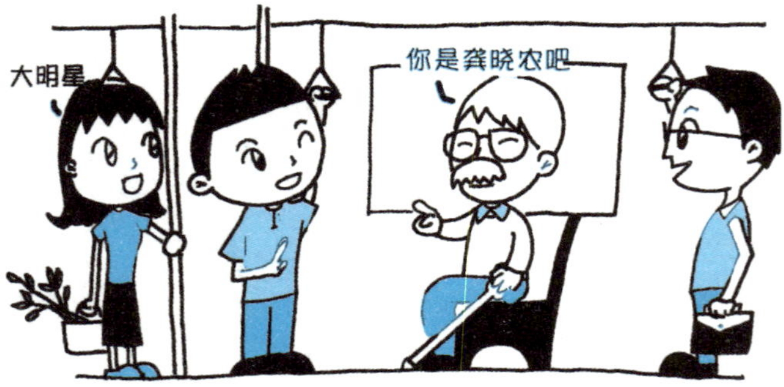

论员队伍，参加我们的‘千家新媒同发声’活动，怎么样？”龚小慧打趣地说。

“我现在是明星了，要看我有没有档期……”龚晓农故意装出一副傲骄的样子说。

“得了吧，给你点阳光，你就灿烂。想参加的人多了，也不缺你一个。”龚小慧假装不在乎地说道。

“别，别，我参加还不行吗？其实我的意思是问一下，这媒体同发声活动是一个什么样的活动？占不占工作时间？”龚晓农生怕错失机会，连忙说道。

龚小慧告诉他，全国总工会正在开展“咱们工人有力量，千家工会新媒体同发声”活动，通过组建新媒体矩阵，统一宣传标识，形成全总和地方工会的统一发声平台，展现当代工人的风采，更好占领网上舆论阵地，通过多种媒体手段实现组织化协调联动，共同推送传播内容，传播网络正能量。

“这是工会组织的活动，基本全是业余时间进行的，不会影响你的工作，不耽误你打工挣钱。”龚小慧说道。

“你又误解了，我不是那个意思。钱不重要，重要的是没钱——开玩笑呢。现在，我不是成单位生产骨干了吗，最近遇到难题，还真是需要我们一起攻关，时间比较紧张……”龚晓农认真地说道。

龚小慧告诉他说：“我们这个活动，就像是一次大型攻关。这个活动是为了展现当代工人的风采，更好地占领网上舆论阵地。

全国总工会会同地方多家工会通过组建新媒体矩阵，形成全总和地方工会的统一发声平台，通过多种媒体手段组织化的协调联动、统一的宣传标识、共同推送的传播内容，把网络正能量有力传递到数亿职工群众之中。

"为了实现这一目标，我们需要建立一支网络评论员队伍，促进工会系统新媒体应用能力和水平进一步提高。针对重点时期、重要节点、重大事件、突发事件及敏感阶段，把握重大舆情，组织网络新媒体联动，整合发声，推动网络舆情工作积极运转，打造网上网下网络舆情相互促进、有机融合的工会工作格局。"

随后，龚晓农参加了工会以"劳模大 V+ 优秀青年职工"为核心的工会网络宣传先锋队。在工会组织下，有针对性地开展职工疑惑解释、诉求应答、心理疏导等工作，达到疏导情绪、正面宣传、正确引导的良好效果，形成了"我服务我宣传、我受益我宣传"的良好氛围。因为龚晓农工作出色，还成了本地工会一位小有名气的"职工网

络意见领袖”。

再次见到龚小慧时，他说：“以后不能叫我龚晓农了，叫我龚大V！”

“得了吧，你顶多算是龚小V。”龚小慧说道。

“我们这些小微企业的小V群体，并不是微不足道，只要我们团结起来，照样可以形成大V的影响力。”龚晓农不服气地说道。

“这话靠谱。”龚小慧笑着回应道。

案例

上海松江区总工会全方位微信宣传彰显榜样力量

“松江工会”微信注重宣传典型人物，并注重挖掘普通职工身上的闪光点，引领广大职工向身边的先进典型学习，积极投身松江创新驱动、转型发展的实践中，为实现中华民族伟大复兴的中国梦贡献应有的力量。

2015年4月至6月，“松江工会”微信以“五一”劳动节为契机，连续三个月集中开展典型人物宣传，广泛宣传2015年评选的27位市劳模和9个先进集体的优秀事迹，累计发布30余篇展示劳模风采的微信稿件。在宣传过程中，采用劳模微电影、劳模漫画、松江农民书、电视散文、情景剧与沙画、百姓访谈、全国劳模纪录片等多种形式，全方位宣传展示劳模风采，弘扬劳模精神，积极传播正能量。尤其是以市劳模张小弟为原型的微电影《张小弟的家庭农场梦》，4月29日通过“松江工会”官方微信首播，当天点击量就达数千人，并被新华网、东方网、解放网等媒体广泛报道。

“松江工会”微信发布《在松江，有位农民工美女诗人，最近很火~》，讲述的是松江一家企业的农民工班美茜。班美茜每天在车间工作12个小时，却仍坚持创作诗歌，并出版了一本诗集《雨的气息》。晚上10点下班之后才是班美茜的诗歌创作时间，“松江工会”微信采访她的时间都是趁着她上班的间隙。“松江工会”的采访报道经微信发布以后，受到粉丝的欢迎，当日文章点击量就达到1万多。

案例

厦门市总工会拍摄《追梦人》微纪录片演绎百姓劳动人生

2016年4月，厦门市总工会启动“中国梦创造美”系列微纪录片《追梦人》的活动，通过向社会征集人物线索和影片的方式，为劳动者拍摄属于自己的影片。一时间，以“本色出演”“为自己代言”为特色的微纪录片系列，成了微信粉丝们争相关注和转发的焦点。据统计，目前《追梦人》系列共征集作品50余部，录用40部，在厦门市总工会微信平台已推送35期。其中，最热的一部微纪录片推送当日阅读量突破8800人次。

微纪录片要求以镜头语言、幽婉旁白、字幕、记者手札等方式，讲述平凡人物在工作岗位与人生态度中的不平凡，突出平凡大众和谐简朴、无私奉献的精神。为了适应微信平台上的传播特点，影片征集要求时间长度控制在5至10分钟。

微纪录片《追梦人》开创了多项亮点：

第一，它的宣传方式新。传统的典型人物宣传总是由第三方媒体代劳，内容虽然专业，但缺乏特色。微纪录片《追梦人》由劳动者本色出演，效果更加真实、感人。

第二，它的传播范围广。微纪录片以微信平台为基础推送传播，职工本人可以推送，亲朋好友可以推送，基层单位可以推送，同行业群体可以推送。此外，微信平台开设的留言评论，实现了与职工群众的实时互动，增强了宣传的互动性。

第三，它的引领作用大。微纪录片告别了传统宣传中采访者与被采访者“自弹自唱”的弊端，在职工群体中有着极其广泛的影响。许多企业职工纷纷提供线索，挖掘先进典型人物。还有职工利用业余时间自编剧本，自导影片，将自己在工作中坚守岗位、坚持梦想的故事演绎得极具特色。

案例

“中国梦·劳动美——永远跟党走”主题教育

2016年，全国总工会深化“中国梦·劳动美——永远跟党走”主题教育，精心组织庆祝“五一”国际劳动节特别节目等系列活动。在中宣部指导、中央电视台支持下，全总牵头制作了《大国工匠》新闻专题片，联合教育部开展“大国工匠进校园”活动，与中央网信办开展“中国梦·大国工匠篇”主题宣传，开展推荐学习“身边的大国工匠”活动，精心打造“大国工匠”品牌。仅“十一”期间，“大国工匠”微博话题阅读量就超过了2.8亿次，3000万人次参与《大国工匠》专题片新媒体直播互动，网友点赞500多万次，评论100多万条，好评率达到96.7%。

案例

中建三局拍摄职工微电影

“中建三局职工服务中心”微信号，多次开展以农民工为主体的新媒体宣传，坚持线上和线下双向互动，以线下实体活动支撑线上网络宣传；与工友服务站实体、微博、微电影等形成资源联动，充实和丰富微信文章内容。

微电影是中建三局的一项特色工作。近两年来，中建三局工会以一线职工真实故事为蓝本，先后拍摄了130多部微电影，多次荣获全国、省部级以上荣誉，在职工队伍中有着较强的影响力，其中多部微电影以农民工故事为题材。结合当期微信主题，局工会进行资源联动，将微电影《筑梦》纳入微信，以一个个真实的故事与场景，讲述他们的责任与梦想、担当与奉献、亲情与爱情等，与文章中的图片相互呼应、动静结合，刻画出更加立体的农民工形象，让社会各界更加清晰地认识建筑工人。

第八章

志愿服务：做个“有爱心”的人

“龚晓农，前一段时间你是不是生病了？”正在职工服务中心大厅里徘徊的龚晓农接到龚小慧的电话时，着实吓了一跳。这事，他本来想瞒着龚小慧的，没想到还是被发现了。

没错，龚晓农又摊上事了。

他确实病了一场。为了治病，他不仅花光了所有的积蓄，还欠下了不少债。

所幸，如今他在北京工作，不仅加入了工会组织，还领到了一张名为“京卡”的职工互助服务卡。住院的时候，医生知道他是工会会员，就告诉他说这张服务卡有“医疗二次报销”功能。出院后，他特地跑到所在城区的职工服务中心咨询，没想到刚走到门口就被龚小慧发现了。

“最近你是不是去医院看过病？”

“是啊，你怎么知道的？”

“前天出院的？”

“对啊，刚出院。”

“生病之前，你还去公园参加了健身活动，到药店买过保健品，还去‘职工心灵驿站’做过心理咨询？”

“这个，好像应该是我的隐私了吧？”

“你现在是不是正在街道职工服务中心的大厅里？”

“龚小慧！难道你有千里眼不成？是不是连我晚饭吃的什么你都知道？”

“别忘了工会在开展网上服务，在网上，你的一切行踪我们都了如指掌。”

“你在对我进行监控吗，报告政府，我只是生了场病，可真的没有犯罪啊！”

龚小慧笑眯眯地从职工服务大厅的一间屋里走出来，对他说：“你看看身后。”

龚晓农转身发现了龚小慧，也笑了起来，说：“我还以为是电子监控，原来是人工监控。”

龚小慧说：“我来这边办事，正好看到你。不过，你的情况，我们确实掌握不少。”

龚晓农如实交代说，起初，他只是觉得不舒服，还以为是最近运动少了，就去公园锻炼了一段时间。后来发现没有用，情况反而越来越差，他又对照自己的症状，听了广播里的广告，去药房买了几种名为药品实为保健品的东西吃过一阵子，也不顶用。再后来，他就疑神疑鬼，觉得自己是不是得了抑郁症，还跑到市职工服务中心的心理咨询室，进行过咨询测试。幸好，通过测试和医生的远程诊断，确定自己没有抑郁。最后是听了医生的劝告，才去的医院。

鉴于龚晓农的困难情况，“娘家人”龚小慧帮他录入了市总工会的困难职工档案，全国总工会也将他纳入了困难职工帮扶系统。他治病的费用除了医保报销之外，市总工会还按照相关规定，按比例为他报销了一部分费用。

经过“二次报销”，龚晓农的医疗负担大为减轻。从职工服务中心出来，他的脸上又露出了笑容。

经过龚小慧的指点，龚晓农发现，这张“京卡”除了发放困难补助、报销医药费之外，还有许多他原来没有想到的功能：到超市买东西可以打折、到影院买电影票可以优惠，还可以享受免费保险、优惠逛公园等 12 项服务。不仅能够实现北京市总工会互助保险金的便利发放和使用，还可以享受北京市总工会为会员提供的法律咨询、法律援助、职业介绍、帮困救助，以及职业培训、

公园游览、图书电影等优惠服务项目，此外还具有北京银行借记卡的一些金融功能。

龚晓农好奇地问龚小慧："工会怎么知道我的这么多情况？"

龚小慧给他讲了一个故事：

×××比萨店的电话铃响了，客服人员拿起电话。

客服：×××比萨店。您好，请问有什么需要我为您服务？

顾客：您好，我想要一份……

客服：先生，烦请先把您的会员卡号告诉我。

顾客：16846146×××。

客服：陈先生，您好！您是住在泉州路一号12楼120×室，请问您想要点什么？

顾客：我想要一个海鲜比萨……

客服：陈先生，海鲜比萨不适合您。

顾客：为什么？

客服：根据您的医疗记录，您的血压和胆固醇都偏高。

顾客：那你们有什么可以推荐的？

客服：您可以试试我们的低脂健康比萨。

顾客：您怎么知道我喜欢吃这种的？

客服：您上星期一在中央图书馆借了一本《低脂健康食谱》。

顾客：好。那我要一个家庭特大号比萨，要付多少钱？

客服：99元，这个足够您一家六口吃了。但您母亲应该少吃，她上个月刚刚做了心脏搭桥手术，还处在恢复期。

顾客：那可以刷卡吗？

客服：陈先生，对不起。请您付现款，因为您的信用卡已经刷爆了，您现在还欠银行4807元，而且还不包括房贷利息。

顾客：那我先去附近的提款机提款。

客服：陈先生，根据您的记录，您已经超过今日提款限额。

顾客：算了，你们直接把比萨送我家吧，家里有现金。你们多久送到？

客服：大约30分钟。如果您不想等，可以自己骑车来。

顾客：为什么？

客服：根据我们全球定位系统的车辆行驶自动跟踪系统记录，您登记有一辆车号为SB-748的摩托车，而目前您正在解放路东段华联商场右侧骑着这辆摩托车。

顾客当即晕倒……

“这就是大数据时代的服务场景。”龚小慧说：“我们工会也建立了智慧数据库，通过大数据分析，可以精准掌握会员职工的个性化需求，从而实现精准服务。这样的服务场景，将会越来越多地出现在工会网上服务职工的活动中。”

龚小慧对龚晓农情况的了解，几乎全部来自他使用的这张卡留下的痕迹。

“这也太神奇了吧！”龚晓农说。

“在‘互联网+’时代，什么奇迹都会发生，在不久的将来，唯一限制我们发展的，就是我们的想象力。”龚小慧说。

“我有个问题是，要为全国几亿职工会员服务，工会需要多少人手，多少资金，需要多少像你这样的工会干部？需要多少个职工服务中心？你们这里还招人不？招人的话我报个名……”龚晓农急忙问道。

“工会数以亿计的会员，是个庞大的组织，事实上，面对这么大的群体，没有一个组织可以声称能够做到对他们的普惠服务，而现实可行的路径，只有一条——”

没等龚小慧说完，龚晓农打断话问道：“什么路径？”

“那就是互助制、合作性。只有职工自己服务自己，才能实现真正的服务；只有职工自己普惠自己，才能实现真正的普惠；只有用市场化的方法，社会化的方法，用互联网技术提供的可能性把职工组织起来，才能实现这一目标。”龚小慧说道。

龚小慧告诉龚晓农说，现在全国工会正在开展“互联网+”职工互助保障计划，通过“互联网+”模式，利用“区块链”等先进技术，为数亿会员提供普惠、便捷的优质服务，从职工关注的重大疾病等痛点问题入手，实现职工自我管理、自我服务的互助互济保险合作模式。

这方面，北京市总工会走在了前列。他们通过采集精准信息，建立会员“坐标”，并与工会普惠服务、互助保障、税务代收、医保、银行等数据进行关联比对，通过“卡”“网”融合，推出职工便捷普惠服务，会员在北京12351职工服务网或手机App上输入

服务卡号注册登录，或在服务现场刷卡都能实时验证会员身份，轻松参与工会活动。市总工会还建立了全市工会电子地图，职工可利用互联网或手机搜索定位周边的工会服务站、文化宫等工会服务场所。服务卡搭载的项目以各级工会直接服务会员为主，形成了法律服务、医疗互助、意外保障等服务品牌项目。

“我们的三亿职工全是这个国家创造财富的人，他们既要去普惠别人，还得普惠自己。无穷的力量和财富在他们中间。我们工会要做的是怎么把他们调动起来。工会组织还有一个非常强大的自主性力量——合作制互助性经济。事实上，我们这个组织本质上就是职工的互助型合作体制。”龚小慧说道。

龚晓农张大了嘴巴：“你们这网上工会也太厉害了，这是要把

我们会员一网打尽的节奏啊！”

“我们服务职工会员，这叫一网情深……”龚小慧笑着说道。

在帮助龚晓农治病的过程中，“职工医疗互助”活动发挥了重要作用。这项活动是20世纪末21世纪初，先从上海、云南等地开展起来的。当时工会组织在“送温暖”中发现，有很多困难职工是因病致贫，而后便在全国推广职工大病医疗互助——城镇职工在参加基本医疗保险的基础上，为解决参保患者超过基本医疗保险统筹基金最高支付限额以上的医疗费问题而设立的一种社会医疗互助制度，以保障职工的大病医疗需求。

开展这一活动，目的是为了发扬工人阶级团结友爱、互助互济的光荣传统，通过职工之间的互相调剂，“聚小钱、办大事”，实现“有病人帮我，无病我助人”，从而解决职工因患病住院导致生活水平下降或因病致贫的问题，使职工医疗保障水平从整体上得到提高。

职工大病医疗互助与商业保险有本质的区别：第一，职工大病医疗互助不以营利为目的；第二，职工大病医疗互助体现以人为本的原则，加入前不需要进行体检；第三，对无缴费能力的困难职工，工会可以通过"送温暖"等途径为职工提供帮助。参加大病医疗互助的职工，在互助期限内，因患病住院、数次住院费用或慢性病累计门诊和住院交叉治疗费用分别达到互助补偿金起付标准的，均可申请领取大病医疗互助补偿金。

这一活动开展以来，为数以十万计的病困职工解了燃眉之急。

病愈之后，龚晓农来到龚小慧的办公室。

"小慧，好久不见，忙成这样？"

龚小慧听到龚晓农的声音，从一大堆文件中抬起头来。

"有事吗？"

"工会是职工的娘家，没事不可以来看一看？"

"欢迎欢迎！你真没事？"

"你们工会是不是觉得我们职工只有困难的时候才会上门？"

"那倒不是，只是你向来是无事不登三宝殿。"

"我确实有事找你。"

“你看，我猜对了吧。”

“估计你这回猜错了，我想的是，这些年来，工会帮了我这么多，我能不能有机会，给工会也做点事？做人要讲良心，学会感恩回报。”

“原来你是为这个来的？”

“不行吗？”

“太好了！我们正开展志愿者活动，你来当我们的志愿者吧！”

就这样，龚晓农成了一名首都志愿者。

现在，龚晓农的手机里装着一款App软件，里面集成了首都职工志愿者互助服务项目。他和别人一样，经常打开手机上网，看上去和一般的“低头一族”没有两样，不过他经常查看的是志愿服务项目的内容、进展、效果、评分情况，不时地还通过手机，提出自己的意见和建议。每当有建议被采纳时，他总是很高兴。在志愿者活动中，他收获了快乐也提升了技能。

首都职工志愿·互助服务项目系统平台由服务器端平台、桌面访问平台和移动App访问平台三大部分组成，尤其是移动App访问平台是设计重点。手机下载“首都职工志愿服务”App后，在北京任何一个地方都可以轻松获得志愿服务。职工可以使用手机客户端了解最新的志愿活动，还能在线进行志愿活动的报名，满足职工志愿互助对便利性、及时性的需求。

“首都职工志愿服务”App在手机客户端“我的工会”中设置了“志愿活动”“工会e服务”“志愿荣耀”“我的”四个基础模

块。其中“志愿活动”模块是用于组织志愿者、志愿队伍参加志愿服务的模块；“工会 e 服务”模块是为工会会员和职工志愿者提供工会服务和奖励兑换的模块，分为工会会员区和志愿者专享区，待时机成熟之时，北京市工会会员可在会员区中兑换服务，职工志愿者可在志愿者专享区中将时间储蓄转换为 e 服务；“志愿荣耀”模块是职工志愿服务工作的展示平台，为职工志愿者和志愿组织、爱心企业提供多样化服务；“我的”模块是记录用户个人信息与动态，同时具有交流功能；“印记”模块，在 App 中起“管理记录”作用，用于修改个人资料、查看他人的需求、发布自己的需求、查看活动提醒、查看自己的时间储蓄、爱心值以及信誉积分等。

为了更好地做好服务工作，龚小慧带龚晓农参观了首都职工志愿服务运行中心，这是北京市总工会在北京市职工服务中心建立的市级层面职工志愿服务运行机构，负责全市职工志愿服务工作的调度与协调。运行中心内设立项目发展区、项目展示区、服务反馈区、志愿荣耀区以及志愿者体验区等功能区，全面体现了首都职工志愿服务内涵与运行方式，运行中心将为职工与志愿者提供一个体验好、展示强、服务优的便捷服务环境。

运行中心指导全市各基层工会组织的职工志愿服务工作的开展，根据职工需求定期发布活动项目，吸引更多职工投身到志愿服务中。组建分层分类的职工志愿者队伍，开展市级职工志愿服务活动，进一步推进职工服务常态化，全面践行志愿服务理念。同时运行中心还对首都职工志愿服务 App、首都职工志愿服务网和后台审批管理系统进行日常运营维护，加强信息数据的统计与汇总，为做好职工志愿服务提供数据支持。

龚晓农投身其中，乐此不疲。

市总工会组建了一支分层分类的职工志愿者队伍和职工志愿服务项目库。他们统筹规划职工志愿服务项目，开展职工志愿服务项目征集活动，广纳职工需求、征集职工志愿服务项目，逐步建立涵盖职工扶困助残、家庭成员心理抚慰、职工文体娱乐生活服务、亲子体验与托管教育、就业指导与人文关怀、文明传播与法律援助、居家老人关怀、社会公益组织志愿服务等内容，解决职工生活困难和服务职工个性需求的职工需求档案和职工志愿服务项目库，为开展职工志愿服务工作提供信息保障。

在活动中，一批志愿者服务品牌脱颖而出。“贴心人”服务队、劳模志愿服务队、企业爱心小站等在社会上的影响力与日俱增。职工志愿服务活动逐步实现常态化，文明礼仪知识普及、医疗服务、文化服务、敬老爱亲等为主要内容的职工志愿服务活动纷纷涌现。

龚晓农如今常挂在嘴边的一句话是："我是一名光荣的工会志愿者，有一分热，就发一分光，我们的愿望是照亮别人，温暖别人，希望更多的人加入我们志愿者队伍，多一个人加入，社会就多一分光明，多一分温暖。"

小知识 普惠金融

普惠金融这一概念由联合国在2005年提出，是指以可负担的成本为有金融服务需求的社会各阶层和群体提供适当、有效的金融服务，小微企业、农民、城镇低收入人群等弱势群体是其重点服务对象。

普惠金融重视消除贫困、实现社会公平，但这并不意味着普惠金融就是面向低收入人群的公益活动。中国银行业协会党委书记潘光伟指出，普惠金融不是慈善和救助，而是为了帮助受益群体提升造血功能，要坚持商业可持续原则，坚持市场化和政策扶持相结合，建立健全激励约束机制，确保发展可持续。

普惠金融需要讲究市场性原则，在发展普惠金融过程中，既要满足更多群体的需求，也要让供给方合理受益。

职工医疗互助保障

职工医疗互助是工会组织实施、职工自愿参加并缴费、不以营利为目的的群众性互济保障活动。新中国成立初期，许多国营企业工会就在广大职工中开展了多种形式的互助互济活动。随着国家城镇职工基本医疗保险制定的建立，各级工会贯彻落实国务院关于“鼓励工会等社会团体开展多种形式的医疗互助活动”的要求，陆续开展医疗互助活动。通过开展各项互助保障计划，极大地减轻了职工及职工家庭因病、因伤造成的经济负担。特别是对一些困难企业的职工而言，互助保障金已成为职工的“救命钱”，有效缓解了职工在患病与工伤方面的实际困难，为职工构筑了抵御风险的又一道防线。

目前工会组织的职工互助保障主要有两种形式，一种是由中国职工保险互助会开展的职工互助保障计划。互助会在全国各地建立了 39 个分支机构，有 16 个省（自治区、直辖市）的职工约 1300 万人次参加，自开办以来共支付医疗补助金超过

15亿元，约有职工50多万人受益。另一种是由地方工会、产业工会和部分企业工会开展的职工互助保障活动。据不完全统计，目前全国有14个省（直辖市）5000多万人次参加了活动，共支出医疗补助金60亿元，受益职工917万人次。

中国职工保险互助会是由中华全国总工会创办，经原劳动部批准，在民政部注册登记的全国性非营利社会组织，是各级工会和职工自愿参加、自筹资金、自我管理、自我服务、自我保障、非营利性的全国性互助保障社团组织。互助会设全国理事会和监事会，秘书长为法定代表人。互助会在全国设立派出机构——办事处，办事处由当地工会申请组建，并由互助会在民政部进行注册登记，成为国家认可的社会组织分支机构。

互助会实行团体会员和个人会员制，只接受由基层工会统一组织的在职职工报名，主要开展与职工生、老、病、死、伤、残或发生意外伤害等与职工生活有关的职工互助保障计划及其他相应互助保障计划的社会互助互济活动。其主要保障产品有《在职职工重大疾病互助保障活动》《在职职工医疗互助保障活动》《在职职工意外伤害保障活动》《在职女职工特殊疾病互助保障活动》《在职职工子女意外伤害保障活动》等，会费标准按照不同项目、不同风险、不同地区基本医疗保险制度分别制定，保期一般为1—3年。目前，会员稳定在1300万人左右，每年资金结余亿元，总体运行处于平稳、健康状态。

志愿者与志愿服务

志愿者，联合国将其定义为“不以利益、金钱、扬名为目的，而是为了近邻乃至世界进行贡献的活动者”，指在不为任何物质报酬的情况下，能够主动承担社会责任并且奉献个人的时间及精神的人。

中国志愿者是这样定义的：“在自身条件许可的情况下，在不谋求任何物质、金钱及相关利益回报的前提下，合理运用社会现有的资源，志愿奉献个人可以奉献的东西，为帮助有一定需要的人士，开展力所能及的、切合实际的，具有一定专业性、技能性、爱心性服务活动的人。”

随着互联网的发展，越来越多的人使用网络，而且有不少人通过网络参与志愿行动，这部分人也被称为网络志愿者。网络志愿者有狭义和广义之分。狭义指志愿者通过网络在线形式为他人提供信息、解答问题、分享快乐等，如远程教育、博客等。广义指志愿者通过网络结识及组织活动，所有的网络志愿者都是网友自发组织的，是自下而上的民间组织。

志愿服务，是指任何人志愿贡献个人的时间及精力，在不为任何物质报酬的情况下，为改善社会，促进社会进步而提供的服务。

志愿服务的范围主要包括：扶贫开发、社区建设、环境保护、大型赛会、应急救助、海外服务等。

志愿服务的功能包括：社会动员、社会保障、社会整合、社会教化、促进社会和谐、促进社会进步。

志愿服务最近几年越来越成为一种国际潮流。西方有学者专门指出，"如果说人类发展前500年是技术革命带动全球的经济发展，那么今天人类正处于一个十字路口，面临的问题越来越多。后500年社会学、社会服务将成为地球上生存的重点，人类也将开始重新调整自己"。

案例

首都职工志愿服务

首都职工志愿服务工作是新时期北京市总工会为构建北京和谐宜居之都，积极拓展工会组织服务职工职能，践行奉献、友爱、互助、进步志愿服务精神的重要举措，是工会组织配合政府创新社会治理的有效途径，是工会多元化服务职工的创新手段，同时也是满足职工常态化服务需求的必然做法。首都志愿者旨在通过首都职工志愿服务工作的有序开展，探索解决"服务职工最后一公里"的问题。首都职工志愿服务工作以广泛动员广大职工参与志愿服务为前提，以分层分类的职工志愿者队伍建设为基础，以丰富多彩的职工志愿服务活动开展为抓手，以便捷完善的志愿服务信息平台为依托，以强化整合的项目发布为引领，以有力的机制建设为保障，全力做到服务职工的常态化、制度化、网络化、系统化。

第九章

职工书屋：做个“有知识”的人

话说这天，龚晓农见到龚小慧，正在手机上津津有味地翻看着什么，看上去很入迷的样子，便好奇地凑上前去问：“看什么呢？你不是常说，不要被手机拴住，看多了手机没有好处吗？”

“这是我们工会的电子职工书屋。”龚小慧回答道。

"职工书屋我知道，我们车间的职工活动室就有，但是需要提前安排时间去。"龚晓农说道。

"为什么？"龚小慧问道。

"你想啊，每天上班那么累，下了班，最大的愿望是回到宿舍休息。再说了，我们这些当工人的，哪里有整块的时间用来看书啊，倒是每天上下班的路上，有些散碎的时间，但是那些大厚本的书实在太难携带了。"龚晓农说道。

"咱们全总的职工书屋考虑到这种情况，推出了电子职工书屋。"龚小慧说道。

"这书屋现在也有电子的了？"龚晓农半信半疑地问道。

"当然了，2015 年 10 月，电子职工书屋就初步建成了，这两年来，内容进一步丰富，你看——"龚小慧一边说，一边点开手机屏幕，手机屏幕上是一个精致的界面。

“登录以后，页面是这个样子的——”龚小慧继续点进去，让他看自己的书架。

龚晓农伸了伸舌头说：“这么多农民工读物啊！”

龚小慧有几分得意地说：“别的不好说，在为农民工提供知识服务方面，中国工人出版社要是数第二，就没有人敢数第一了。”

龚小慧告诉龚晓农，全总建设完善了职工电子书屋服务系统，实现用户管理、电子书查询、权限管理、版权管理等基本功能和在线学习互动等。这个系统对已有版权资料进行分类整理，职工可根据个人账号登录系统查询资料。管理员可对系统进行监测，提供职工学习互动、交换心得等操作，并可在协同管理中心展示。

电子职工书屋有网站版（www.dzzgsw.com）、App版和微信版，是为适应广大职工数字化阅读需求，由全总统一筹划、设计建设的，结合职工特色精选内容，以图书为基础，还有期刊、有声书、视频、学习资料、案例库等内容板块。电子职工书屋是适应"互联网+"形势，发展打造全国工会系统服务职工网络载体的重要举措，其建设及运营由中国工人出版社承担，职工免费阅读。

"这个电子书屋，有什么特点？"龚晓农问道。

龚小慧回答道："这个电子书屋的特色功能在于：一是多终端便捷使用。可以同时开通电脑PC端、手机App、平板电脑、立式阅读触屏等多终端，每人一个账号，可设置个人书架，各终端同步切换，实现'一人一书屋，无处不阅读'。二是时尚个性化阅读体验。采用最流行的EPub流式排版，手机App具有纸质书翻页效果，可根据阅读环境和个人习惯设置字体大小、背景色、界面亮度及添加删除不同颜色的下划线，选择个性化书架风格，并支持多种条件内容搜索，提供一定内容的复制、分享、查询、笔记等功能。三是提供阅读量数据查询及排名。系统自动统计阅读量

数据，各级工会组织及个人读者用户均能了解自己在各区域层次、时段内的阅读情况及排名，形成相互激励的机制和阅读氛围。

“另外，除了职工个人阅读功能，电子职工书屋还专门为各级工会组织开发了在线运行功能，包括职工读者账号分配管理、阅读情况数据查询、纸质图书在线选订配送、图书借阅管理软件等，实现便捷的网络化协同管理。

“现在，电子职工书屋的阅读资源包括人文社科、小说文艺、经济管理、健康生活等12个大类以及几十个细类，还专门设置了教您维权、农民工专题读物、文体活动、企业职工文化、职工原创等与职工工作生活密切相关的特色内容，并且不断增加、更新。此外，还有期刊、多媒体、学习资料、案例库、职工原创等门类，并将逐步拓展。”

“太好了，我也要安装一个！”龚晓农急忙说道。

“好办，现在就给你一个账号，几分钟就可以装好。”龚小慧一边说，一边帮着龚晓农操作起来。

果然，简单操作一番之后，电子职工书屋的App就下载到了龚晓农的手机上。龚晓农拿起手机，打开之后，挑了几本书阅读起来，并且满足地说道：“今后的业余时间，又多了一个内容！”

龚小慧说道：“真好，我们的书屋又多了一名读者。除了刚跟你说的，我们工会还将不断地提供适合职工文化生活和科学技术等普遍需求的阅读资源，争取图书达到10万册，各类文化技术杂志达到400余种。此外，我们还将拓展有声书籍和视频等多媒体视听资源，尤其是职工技能提升方面的图书教材和课堂教学资料。预计5年之后，电子职工书屋覆盖基层单位将超过10万家，发展职工用户将超过5000万人，将逐步实现全国工会组织、基层企业单位和广大职工农民工的普遍覆盖，让全国工会电子职工书屋成为亿万职工在互联网领域里的精神文化家园。"

听完龚小慧的介绍，龚晓农认真地读起刚下载的那本《大国工匠代旭升传》。

小知识 职工书屋

职工书屋是中华全国总工会和各级工会组织为贯彻落实党的十七大、十八大精神，推动社会主义文化大发展大繁荣，切实保障职工群众的文化权益，为广大基层职工提供和创造方便实用的读书场所和学习条件，在全国工会开展的一项重要文化工程。

职工书屋由全国总工会统一命名，主要在一线职工特别是农民工工作和居住相对集中的基层企事业单位、城市社区、工业园区、乡（镇）村和重点建设项目工地建立，满足广大职工日益增长的阅读学习与精神文化生活需求。

职工书屋工程于2008年全面启动，全国总工会设立职工书屋建设领导小组，由全总宣教部协调指导，中国工人出版社承担日常管理服务职能。全总每年投入专项经费2000万元

（2016 年起增加至 3000 万元）通过配送图书的方式在全国扶持建设 1000 家职工书屋示范点，并推动各地工会相应配套投入，每年建设 1 万家职工书屋。到 2017 年，全总累计建成职工书屋示范点近万家，带动各地工会建成职工书屋上 10 万家，覆盖职工 6000 余万人，并建成电子职工书屋阅读系统进一步普惠广大职工。

2015 年，《全国总工会改革试点方案》将职工书屋列为工会六大品牌工作之一。2016 年年底，第十二届全国人民代表大会常务委员会第二十五次会议通过《中华人民共和国公共文化服务保障法》，将职工书屋纳入国家公共文化设施服务场所范围。全总和各地工会组织将进一步巩固和加强实体职工书屋建设，并大力普及全国工会电子职工书屋阅读系统，形成阅读条件日益完备、广泛覆盖职工群众的工会读书设施网络。

职工书屋建设也是全国工会组织加强职工思想道德建设、实施职工素质工程的一项重要举措，是新形势下工会组织职工、引导职工、服务职工和维护职工合法权益的重要手段，是工会参与社会公共文化服务体系建设、增强国家文化软实力、推动社会主义文化大发展大繁荣的重要工程。

第十章

融入城市：做个“有前途”的人

通过“积分落户”的政策，龚晓农终于实现了自己的梦想，融入了城市，从农民工变成了一位新市民。拿到户口本的那天，望着这座熟悉而又陌生的城市，龚晓农感慨万千。

龚晓农的经历，是千百万农民工奋斗历程的缩影，也是中国城镇化进程的反映。

这座城市，他的爷爷来过，他的父亲来过。

他的爷爷梁生宝，曾经到这座城市买稻种。

那位关中汉子来到这个城市时，头上顶着一条麻袋，背上披着一条麻袋，抱着被窝卷儿，走进一家小饭铺里。他要了五分钱一碗的汤面，喝了两碗面汤，吃了他妈给他烙的馍。他打着饱嗝，取开棉袄口袋上的锁针用嘴唇夹住，掏出一个红布小包来。他在饭桌上很仔细地打开红布小包，又打开他妹子秀兰写过大字的一层纸，才取出那些七凑八凑起来的，用指头捅鸡屁股、锥鞋底子挣来的人民币来，拣出最破的一张五分票，付了汤面钱。这五分票再装下去，就要烂在他手里了。……尽管饭铺的堂倌和管账先生一直嘲笑地盯着他，他毫不局促地用不花钱的面汤，把风干的馍送进肚里去了。

天黑了，小街上，霎时间空寂无人。从渭河下游坐了几百里火车，来到这里买稻种的梁生宝，现在碰到了一个小小的难题。问过几家旅馆，住一宿都要几角钱——有的要五角，有的要四角，睡大炕也要两角。他舍不得花这两角钱！他从汤河上的家乡起身的时候，根本没预备住客店的钱。钱对于那里的贫雇农，该是多么困难啊！庄稼人恨不得把一分钱，掰成两半使唤。

离家几百里的生宝，心里明白：他带来了多少钱，要买多少稻种，还有运费和他自己来回的车票。他怎能贪图睡得舒服，多花一角钱呢？

踏着土街上的泥泞，生宝从饭铺跑到车站票房了。1953 年间，渭河平原的陇海沿线，小站还没电灯哩。夜间，火车一过，车站和旁的地方一样，陷落在黑暗中去了。没有火车的时候，这公共场所反而是个寂寞僻陋的去处。生宝划着一根洋火，观察了票房的全部情况。他划第二根洋火，选定他睡觉的地方。划了第三根洋火，他才把麻袋在砖墁脚地上铺开来了。

他头枕着过行李的磅秤底盘，和衣睡下了，底盘上衬着麻袋和他的包头巾。他掏出他那杆一巴掌长的旱烟锅，点着一锅旱烟，睡下香喷喷地吸着，独自一个人笑眯眯地说：“这好地场嘛！又雅静，又宽敞……”

票房的玻璃门窗外头，是风声，是雨声，是渭河的流水声……

（详见柳青《创业史》）

他的父亲陈奂生，曾到这座城市里卖过油绳。

陈奂生是一位中年农民，因常年贫穷而负债累累，素享“漏斗户主”雅号。党的十一届三中全会后，农村政策放宽，他的日子好起来，囤里有米，橱里有衣，身上有了肉，脸上有了笑，还开始做起小买卖——去城里卖油绳。

那天，陈奂生手里提着一个装满东西的干干净净的旅行包，悠悠进了城里。在油绳卖完后，他想去买一顶簇新的、呱呱叫的帽子。谁知满怀喜悦的他因为没戴帽子着了凉，双腿发软，浑身无力，竟一头躺在车站候车室。曾经在他们村蹲点的县委吴书记及时发现了他，并好意安排他住进县招待所。

第二天，一觉醒来，天光大亮，陈奂生一翻身，竟浑身颤了几颤，他用手一摸，身下贼软；低头望去，竟是睡在一张棕绷大床上。睁开眼细细打量这住的地方，却又吃了一惊。原来这房里的一切，都新堂堂、亮澄澄，平顶（天花板）白得耀眼，四周的墙，用青漆漆了一人高，再往上就刷刷白，地板暗红闪光，照出人影子来；紫檀色五斗橱，嫩黄色写字台，更有两张出奇的矮凳，比太师椅还大，里外包着皮，也叫不出它的名字来。陈奂生不由自主地立刻在被窝里缩成一团，他知道自己身上（特别是脚）不大干净，生怕弄脏了被子……

这哪儿是我该住的地方！受宠若惊的陈奂生在房间里小心翼翼，生怕弄坏了东西。但是，当结账时听说只睡一晚就要五元钱后，他大吃一惊，“我还怕困掉一顶帽子，谁知竟要两顶！”

陈奂生出了大价钱，心里也有点忿忿然。本想一走了之，想到旅行包还丢在房间里，就又回过来。推开房间，看看照出人影的地板，又站住犹豫：“脱不脱鞋？”一转念，愤愤想道：“出了五块钱呢！”再也不怕弄脏，大摇大摆走了进去，往弹簧太师椅上一坐：“管它，坐瘪了不关我事，出了五元钱呢。”他饿了，摸摸袋里还剩一块僵饼，拿出来啃了一口，看见了热水瓶，便去倒一杯开水和着饼吃。回头看刚才坐的皮凳，竟没有瘪，便故意立直身子，扑通坐下去……试了三次，也没有坏，才相信果然是好家伙。

他出得门来，再无别的念头，直奔百货公司，用剩下来的油绳本钱，买了一顶帽子，立即戴在头上，飘然而去。回村后，他总算有点自豪的东西可以讲讲了。试问，全大队的干部、社员，有谁坐过吴书记的汽车？有谁住过五元钱一夜的高级房间？看谁还能说他没见过世面了，看谁还能瞧不起他，唔！……他精神陡增，顿时好像高大了许多。

果然，从此以后，陈奂生的身份显著提高了，不但村上的人要听他讲，连大队干部对他的态度也友好得多，而且，上街的时候，背后也常有人指点着他告诉别人说：“他坐过吴书记的汽车。”或者“他住过五元钱一天的高级房间。”

（详见高晓声《陈奂生上城》）

龚晓农三代进城的经历，正好伴随着中国改革开放的进程，可以说，改革的大潮，深刻影响了他们三代人，在每代人身上留下了不同的印记。

应该说，龚晓农是幸运的，虽然现在还不能说这座城市已经是他的城市，但他有信心在这座城市里生活，而且相信会越过越好。比起他的父辈，龚晓农来到这座城市时，少了几分不安，多了几分自信。在千千万万个“龚晓农们”祖辈三代的进城之路中，中国经历了农业时代、工业时代、商业时代，如今又迎来了信息时代，信息流正在有力地抹平乡村与城市的鸿沟，融化长期以来形成的城乡二元结构。

党的十八大指出，城乡一体化是解决“三农”问题的根本途径。城乡一体化是一项复杂而庞大的系统工程，从本质上看，是城乡利益再分配的一个过程。2016年中央一号文件提出，要“推进农村劳动力转移就业创业和农民工市民化。健全农村劳动力转移就业服务体系，大力促进就地就近转移就业创业，稳定并扩大外出农民工规模，支持农民工返乡创业”。

农民工市民化，是“十三五”期间国家的一项重要任务。“十三五”规划纲要提出，坚持以人的城镇化为核心、以城市群为主体形态、以城市综合承载能力为支撑、以体制机制创新为保障，加快新型城镇化步伐，提高社会主义新农村建设水平，努力缩小城乡发展差距，推进城乡发展一体化。统筹推进户籍制度改革和基本公共服务均等化，健全常住人口市民化激励机制，推动更多人口融入城镇。

“十三五”期间，我国将深化户籍制度改革，解决2.7亿农民工落户问题。在城镇就业居住5年以上、举家迁徙的农业转移人口、新生代农民工的落户问题备受关注。到2020年，户籍人口城镇化率预计达到45%，比2015年的39.9%提高了5.1个百分点。

可以相信，随着改革的深入，城镇化进程的推进，龚晓农的下一代必将完全融入城市，城乡二元结构将完全解体，甚至，农民工这个称谓，也将消失于历史的深处。

龚晓农急着把喜悦的消息报告给龚小慧，但是，来到龚小慧的办公室门外，却发现人去室空。

一打听，原来全国工会机构改革，上级工会缩减编制“减上补下”充实基层工会。此外，今年全国总工会大力推行中小微企业和非公企业工会组建活动，龚小慧报名下乡驻村，去搞村镇总工会组建去了。

好不容易进了城，她却又回到了乡下。

龚晓农的心里，第一次泛起一缕淡淡的乡愁。

图书在版编目（CIP）数据
龚晓农漫游“互联网家”／龚信忠等著.—北京：中国工人出版社，2017.8
ISBN 978-7-5008-6798-2
Ⅰ.①龚… Ⅱ.①龚… Ⅲ.①互联网络—应用—工会工作—中国 Ⅳ.①D412.6-39
中国版本图书馆CIP数据核字（2017）第217414号

龚晓农漫游“互联网家”

出 版 人　芮宗金
责任编辑　安　静
责任校对　赵贵芬
责任印制　栾征宇
出版发行　中国工人出版社
地　　址　北京市东城区鼓楼外大街45号　邮编：100120
网　　址　http://www.wp-china.com
电　　话　（010）62005043（总编室）
　　　　　（010）62005039（出版物流部）
　　　　　（010）62382916（职工教育分社）
发行热线　（010）62005049　（010）62005042（传真）
经　　销　各地书店
印　　刷　三河市东方印刷有限公司
开　　本　880毫米×1230毫米　1/32
印　　张　5.25
字　　数　115千字
版　　次　2017年10月第1版　2017年10月第1次印刷
定　　价　29.00元